고목의 새순

고목의 새순

지은 이 | 고민관
만든 이 | 김성구
만든 곳 | 국제문학사
만든 날 | 2025년 8월 15일

등 록 일 | 2015.11.02.
등록번호 | 제2020000026호
주   소 | 서울특별시 광진구 광나루로 15길 41(102호)
전   화 | 070-8782-7272
전자우편 | Email: kims0605@daum.net

값 15,000원

ISBN 979 - 11 - 89805 -66 -1 (03810)

국제문학시선 55

고목의 새순

고 민 관 시집

국제문학사

시집을 내며

　　나는 빛바래고 메마르고 쓸모없는 나무입니다. 가파른 칠부능선에 거북등같은 수피를 두르고 서 있는 고목입니다. 지난 여정 속에서 굽이굽이마다 쌓인 소중한 기억들이 가물가물 되살아나 그리움으로 남습니다.

　　가슴 한편에 울림으로 다가온 애환과 정감을 모아 시집을 엮었습니다. 그동안 외람되게 한편의 명시를 써보겠다는 의욕만 앞서 설익은 작품을 세상밖에 선보이려고 하니 설렘보다 두려움이 앞섭니다.

　　어제 쓴 시를 다시 읽어보면 이게 시가 맞나! 라는 필력의 한계를 느낍니다. 그러나 시는 나의 금석지교(金石之交)처럼 변함없는 벗입니다. 내가 걸어가는 시문학의 길은 어렵고 힘들지만, 그 속에서 영혼이 맑아지는 시심을 닮고 싶습니다.

아름다운 기억들 보듬어 안고 하루의 고단함을 위로하며 살고 싶습니다. 헐벗은 고목에도 새순이 돋아납니다. 세상에는 못생긴 꽃도 있고 예쁜 꽃도 있습니다. 나만의 색깔을 가지고 꽃을 피우고 열매를 맺을 것을 다짐합니다.

　그동안 잊고 지낸 분들이 생각납니다. 지금의 나를 있게 하신 가족, 친지분들과 시인의 문을 열어주신 김성구 박사님, 세월 속에 만난 소중한 분들에게 이 시집을 두 손 모아 바칩니다.

2025년 어느 봄날에
고　민　관

　　　　　　고목의 새순

소박함과 깊은 울림의 시

시인 **김성구** 박사
국제문학 발행인

　고민관 시인의 첫 시집 『고목의 새싹』은 한평생을 묵묵히 살아낸 삶의 여운이 고요히 배어 있는 시집이다. 이 시집에는 시인의 지나온 발자취가 오롯이 담겨 있다. 오랜 공직생활과 기술인의 길을 걸어오며 마주한 수많은 사람들과의 인연, 고향에 대한 그리움, 가족에 대한 사랑, 시대의 상처와 인생의 고비를 지나며 깨달은 삶의 진실들이 시로 승화되어 우리 앞에 놓여 있다.

　표제작 「고목의 새순」에서 보듯, 시인은 거친 세월을 견뎌낸 고목의 자리에서 새순을 틔운다. 늦은 나이에 시인의 길을 택한 그의 선택은 단지 문학에의 도전이 아니라, 새로운 삶의 꽃을 피운 용기이자 아름다운 전환이다. 그의 시에는 군더더기 없는 진솔함과 절제된 감정, 그리고 소박하면서도 깊은 울림이 있다.

　시를 통해 다시금 삶을 돌아보고, 고단했던 세월 속에서도 희망과 사랑을 길어 올리는 이 시집은 독자에게 잔잔한 위로와 공감을 전해준다. 무엇보다 이 시집은 누구나 품고 살아가는 '그리움'과 '감사'에 대한 따뜻한 고백이며, 인생이라는 나무에 여전히 싱그러운 새순이 돋을 수 있음을 보여준다.

　그의 시편들은 화려한 수사보다는 일상 속의 조용한 감동으로 다가온다. 오랜 시간 축적된 삶의 농도와 깊이가 구절마다 묻어나며, 잊고 지냈던 마음의 풍경을 되살려 준다. 삶의 뒤안길에서도 시는 피어난다는 사실, 그것이 이 시집이 가진 가장 빛나는 메시지다.

　문학이 삶의 증언이라면, 『고목의 새싹』은 그 증언의 아름다운 첫 장이 된다.

2025년 7월

목차

시인의 말 ·· 004
추천사 ··· 006
시평 ··· 158

■1부■ 가슴에 담아둔 사랑

가슴에 담아둔 사랑 ······························ 012
그대가 있어 난 행복하다 ······················· 013
늘 고마운 당신 ·································· 015
널 만나면 ······································· 017
사랑의 꽃 ······································· 019
아름다운 꽃 민들레 ····························· 020
감사한 마음 ····································· 021
고목의 새순 ····································· 022
그리운 친구 ····································· 023
그리운 어머니 ··································· 025
그대의 모습 ····································· 027
소싯적 친구 ····································· 028
그때가 생각난다 ································· 030
그때 그 시절 ··································· 032
단짝 친구 ······································· 034
길동무 ·· 036
따스한 온정 ····································· 038
마음의 두레박 물 ······························· 039
정겨운 만남 ····································· 041
사랑하는 손주에게 ······························ 043

가난2 ··· 046

가난3 ··· 048

가난의 눈물 ··· 049

슬픈 기억들 ··· 050

외롭게 핀 들꽃 ····································· 051

인고의 시간 ··· 052

숙성의 시간 ··· 053

꾹 참았다 ·· 054

마음의 상처 ··· 055

공감과 배려 ··· 056

누군가에게 관심을 ······························· 058

용서를 빕니다 ······································ 059

내 취향이 아닌 자리 ····························· 061

혼자라서 외롭다 ·································· 063

전화 한 통 ·· 064

저무는 길 ·· 065

아비의 마음 ··· 067

나이가 드니 ··· 068

추억의 뒤안길 ······································ 070

우리의 우정 ··· 072

내가 꿈꾸는 그곳 ································· 074

핸드폰 ··· 076

친근한 호칭 ··· 078

코뚜레 모임 ··· 079

봄이 오는 소리 …………………………………… 082

봄비 ………………………………………………… 084

봄날 ………………………………………………… 086

봄나들이 …………………………………………… 087

벚꽃 ………………………………………………… 089

보리 사랑 ………………………………………… 090

비둘기 사랑 ……………………………………… 092

매미의 사랑 ……………………………………… 094

무더위 ……………………………………………… 095

장맛비 ……………………………………………… 096

폭염경보 …………………………………………… 098

나이테 ……………………………………………… 099

익어가는 가을 …………………………………… 100

가을 아침 ………………………………………… 101

가을 정취 ………………………………………… 102

단풍잎 ……………………………………………… 103

홍시 ………………………………………………… 104

겨울나무 …………………………………………… 105

겨울을 나는 들풀 ……………………………… 106

고요한 겨울 ……………………………………… 107

첫눈 아침 ………………………………………… 108

새해 첫날 ………………………………………… 109

잔설(殘雪) ………………………………………… 111

꽃 가족 여행 …………………………………… 112

거미 ………………………………………………… 113

고구마 ……………………………………………… 114

강의를 듣고 ……………………………………… 116

고목의 새순

고향 바다 ·· 118

골목길이 그립다 ·· 120

공원에 간다 ··· 122

기억의 편린(片鱗)들 ··· 123

나도 일하고 싶다 ··· 124

나의 고백 ·· 126

내 고향 ··· 128

사찰 기행(寺刹記行) ·· 130

섬마을 고향 집 ·· 132

소파(의자) ··· 136

숲속에서 ·· 137

시 쓰기 ··· 138

시 쓰는 날 ··· 140

신비의 푸른 숲 ·· 141

어지럼증 ·· 142

오늘도 이렇게 보냈다 ··· 143

화도(畵圖) ··· 144

소중한 우정 ··· 145

할아버지 ·· 147

정자나무 공원 ·· 148

푸른 소나무 ··· 150

푸른 솔길 ·· 152

고향길 따라 ··· 154

소중한 친구 ··· 157

1부

가슴에 담아둔 사랑

가슴에 담아둔 사랑

안부를 묻진 않아도
마음에 생각을 담으면
묵언은 아니다.

얼굴도 안 보아도
그리움을 잊지 않으면
우린 하나다.

만나지 못해도
향수를 가슴에 담고 있으면
사랑은 눈물이 되어 떠나지 못한다.

그대가 있어 난 행복하다

정처 없이 강물처럼
구름처럼 흘러왔다.
빛을 향해 굽이굽이 슬픔으로 걸어왔다.

어둠 속에 갇혀
무사히 걸을 수 있었던 것은
그대가 내 곁에 있기 때문이었다.

외로움을 견디며
고독 속에 갇혀
남몰래 수없이 속음을 삼켰다.

몸은 찌는 나머지
수심 가득 찬 얼굴
팍팍한 살림살이
언제 이사 가나 전전긍긍했다.

가족을 떠올리며 묵묵히
한 걸음 한 걸음씩 내디뎠다.
어둡던 긴 터널 빠져나와
환한 햇살과 마주하며 서 있다.

　　　　　　고목의 새순

거울에 비친 내 모습
견고한 주름 메마른 얼굴 낯설게 느껴지고
춥고 어둡던 시절 눈앞에 자꾸만 어른거려
쉽게 잠들지 못하고 뒤적거린다.

한해가 또 지나간다.
항상 웃음꽃 피고 열정이 넘친 그대
몸은 멀어도 맘은 해가 더해 갈수록
돈돈해진 것 같다. 그대가 있어 난 행복하다.

늘 고마운 당신

당신을 만난 지도 어느덧
반백 년이 지나가고 있소
지금 생각해 보니
어찌 보내고 살았나 싶소

혹독한 비바람 온몸으로
받아내던 나목(裸木)처럼
서럽고 쓰리던 지난날

초라한 내 모습 감싸주고
위로 해준 고마운 당신
얼굴엔 주름이 너무 많아졌소

부족한 사람 만나
숱한 사연 마음에 묻어둔 채
묵묵히 살아온 당신
마음고생도 많이 시켰소,

늘 내 곁에 있어도
당신의 아픔을 너무나
헤아릴 줄 몰랐소,

고목의 새순

사소한 일로 벌컥 하는
내 잘못도 당신 탓이었소
너무 안쓰럽고 미안하오!

늘 푸르던 젊은 날 우리가 함께한
그 시절 얼마나 정겨운 시간을
가졌는지 너무나 아쉬운 세월이었소

우리가 처음 만나던 날
가슴에 피어오르던 그 꽃
당신께 꽃등 하나 달아드리고 싶소

널 만나면

세월의 수피를 두른
우람한 노송 한 그루가
마을 들머리에 버티고 서 있다.

널 만나면
너로 인해 날 찾지 않고
너를 통해 사랑을 배운다.

널 만나면
몸과 맘이 늘 푸르고
은은한 향기가 기분을
들뜨게 한다.

널 만나면
기쁨과 슬픔 모두 다
잊어버리고
맘이 편안하고 포근하다.

널 만나면
그 어떤 절망도 사라지고
봄처럼 설렘을 안겨준다.

고목의 새순

널 만나면
너로 인해 위로 되고
변해가는 내가 좋다.

사랑의 꽃

봄의 들머리에 피는 꽃
만나면 언제나 반갑고
새로운 기쁨, 새로운 마음
난 너무 행복하구나!

기쁠 땐 기쁨을 주고
슬플 땐 날 위로해 준 너
너무너무 고맙고 아름답고 아프구나!

몸이 희생되어도 아픈 고통
받아들이고 변함없는 즐거움
위로의 향기 선사하는 너
내 맘속 잔잔한 감동이 전해온다.

싫은 표정 하나 없이
날 만나면 활짝 웃고
사랑의 향기 선사하는 너
내 맘속 사랑의 꽃이 핀다.

고목의 새순

아름다운 꽃 민들레

손에 잡힐 듯 살랑살랑 부는 봄바람
보도블록 한쪽 한적한 곳에
틈새 비집고 피어난 노란 꽃이 보인다.

민들레 홀씨 하나
어디서 날아들어 밟히기 쉬운 이곳에
누굴 탓하지 않고 겨우내 숨죽이며
기다림에 뿌리들은 얼마나 힘들었을까!

애처롭게 그리워지는 민들레꽃 한 송이
나만 외로운 게 아니었구나!
네 얼굴 보기가 눈물겹게 어여쁘다.

밟히고 뭉개져도 솟아나는 민들레
아등바등 바삐 사느냐고
숱하게 널 밟고 지나간 줄 몰랐다.

그 꽃도 홀씨 되어 들바람 타고
어둡고 험한 곳이라도 마다하지 않고
뿌리내려 꽃 피는 날이 오겠지

감사한 마음

올바른 길로 가는지
잘못된 길로 가는지
앞날이 막막하고 무력감에
빠져 아무것도 할 수 없다.

주위를 돌아보니 나보다
더 힘든 그 사람 온몸이
불편한 데도 늘 환하게 미소 짓는다.

그분의 따뜻한 미소는
잔잔한 물살을 이룬다.
그 물살 위에 날 가만히 띄워본다.

삶의 무게가 나보다 깊게
보였지만 그분의 따뜻한
미소에 난 슬퍼지고 너무 초라해진다.

지금 소유한 것에 감사를 잊고
원망하며 오만이 가득한 나날
부끄럽고 후회스럽다. 이 마음
무너지지 않고 그대로 지속되고 싶다.

고목의 새순

고목의 새순

고목 나무는 강건하다.
바람 부는 대로 가지 않으려고
그 자리에서 푸른 잎을 다 떨구어 낸 뒤
온몸 곳곳에 아픈 상처를 안고
헐벗은 힘으로 흔들리며 서 있다.

하늘을 뒤덮은 무성한 이파리
아래서는 군무를 이루던
곤충들이 헐벗은 고목에는
하루살이도 보이지 않는다.

그 자리에서 누군가에게
열매를 주고 길손에게 그늘을 주고
위안을 주고 그냥 모든 걸 다 주고
한추위 이겨내며 봄을 기다린다.

자신의 소임인 다하며
혼탁한 세상 온몸으로 견디며
숨 쉬는 고목에 새순이 돋는다.

그리운 친구

푸르던 잎새는
벌써 누렇게 변해 하나둘씩
떨어지고 흘러간 시간 속에
잠자듯 소식 없는 네가 그리워진다.

어렵고 힘들 때 먼 곳까지
달려와 슬픔을 감싸 안아주고
위로해 준 햇살 같은 친구야

소문난 맛집에서 식사하며
감기 조심해 몸 관리 잘해
마음 녹여주는 달디단 목소리
구들장처럼 따뜻하고
냉이처럼 향기로웠다.

눈 내린 미끄러운 세상 길을 걸으며
넘어지지 않고 버틸 수 있었던 것은
따스한 너의 손길이었다.

봄처럼 건 듯 지나버린
푸른 시절 어찌 꿈에서
만나게 되는가! 너에 대한 그리움이

고목의 새순

깊어만 가고 아픈 맘 치유하기 위해
시를 쓴다. 그리운 친구야

그리운 어머니

모질게 추운 겨울
문틈 사이로 들어오는 찬바람
비좁은 단칸방에 일곱 식구
차디찬 윗목은 어머님 자리

길은 비탈지고 좁은데
샘물 길어 물통 머리에 이고
아궁이 불씨 살리려 후후 불고
생소나무 연기가 부엌에 가득

어깨가 쓰러질 듯 평생 일만 하시고
삶의 무게 견디며 시골장 십리 길
눈에 어리는 어머님의 땀 내음

얼마나 배고파 주리셨을까!
한이 되는 가마솥 눈물, 밥 먹었나!
굶지 마라! 따뜻하게 옷 입어라!
조심히 다녀라! 끝없는 사랑의 바다,

어린 오 남매 키우시다
간곳없이 사라져간 영육

고목의 새순

마른 꽃잎 되어 다들 눈길 멀어져
길가 후미진 구석 외로이 쪼그려 앉아
땀방울로 키운 자식 조금은 서운하였지요.

숲속의 검은 표지석 이전하는
한식날 안개비 머리 씻어내
슬픈 기억들 점점 멀어집니다.

나이 든 이제야 철든 마음
그냥 여기 두고 갈게 그리운 어머님!

그대의 모습

늘 큰 산으로만 보였던 그대
어느 날 그대의 일하신 모습에
한없이 작은 언덕으로 보였던 그대

늘 강하게 보였던 그대
어느 날 그대의 나이 든 모습에
한없이 약하게만 보였던 그대

늘 단단해 보였던 그대
어느 날 그대의 힘없는 모습에
한없이 측은해 보였던 그대

그대 생각나 찾아가는 길
촉촉이 내리는 봄비는
아픈 비가 되어 그리움을 더한다.

고목의 새순

소싯적 친구

살기 바쁘던 그 시절
우린 평탄치 못할 길 걸어왔다.
울퉁불퉁한 돌길, 낯선 길

퇴직하면 자주 만나겠지
기대했는데 막상 현실 앞에서
오고 가는 발걸음이 왜 이리
무거운지 뭐가 그리 바쁜지

오늘의 어려움을
주절주절 나열하는 그대
평생 은퇴는 없는 것 같다.

유년 시절 처음 만나
수십 년이 지난 지금
어이없게도 그때와 달라진 게 없다.

서로 안부 묻고
걱정하고 응원하고
때론 틀어지고 서운해하고~~~

아! 달라진 게 하나 있다.
길을 찾아 헤매느라 곱고
앳된 얼굴이 폭삭 늙어버렸구나.

소싯적 친구여!
강물처럼 조용히 흘러가는
너의 모습 너무나 보고 싶다.
아프지 말고 아프지 말자.

고목의 새순

그때가 생각난다

산자락 밭 한쪽에 초가집
방 하나에서 일곱 식구가 모여
오순도순 살던 그때가 생각난다.

무거운 짐,
무거운 줄도 모르고
더운 줄도 모르고 가파른 길
오르내릴 때 헉헉대는 숨소리
다리가 후들거렸던 그때가 생각난다.

어두운 밤 혼자 걷는 길
누군가 따라온 것 같아
발걸음이 빨라지고 머리털
쭈뼛쭈뼛 서곤 했던 그때가 생각난다.

따뜻한 숨결이 고스란히 묻어나는
소박한 이엉 집 마당에서
밤하늘 별을 헤는 그때가 생각난다.

늘 하늘을 이고
텃밭에서 일하시는 어머님
힘들어하신 줄도 모르고

철없이 바라보던 그때가 생각난다.

고목의 새순

그때 그 시절

봄날 푸른 물살 가르며
목포항 연락선 타고 가던
그때 그 시절이 생각난다.

연락선 꽁무니에
갈매기 춤추는 바다.
다짐했던 청운의 꿈
언제였던가 그때가

겉보리 절구통에 찧어
누이동생 머리에 이고
선창 찾아 멀고 험한 길
걸었던 그때가

목포항에 내려서
두 눈 멀뚱거리며
누군가 찾던 그때가

샛길 돌고 돌아
삼촌 댁 가던 길
목이 쉰 열차의
기적소리 듣던 그때가

다시 돌아올 수 없는
그때 그 시절 떠올라
애틋하고 가슴 시리다.

고목의 새순

단짝 친구

잘살아 보려 다짐하며
한양 천리 떠나간 친구
길고도 험난했던 그 시절

흙먼지 풀풀 날리는 시골 텃밭
언덕에 넘어져 다리에 남은 상흔
초등학교 입학식 날
다들 엄마 손잡고 가는데
둘이 서로 의지하며 입학했지,

우리의 우정 영원한 기억
연필 끝에 무릎이 찔러 푸르스름한 점
고스란히 남아 잊을 수 없는 우리의 봄날

기쁠 때나 슬플 때나 내 마음의 별이었지
어느 날 홀연히 내 곁을 떠나가
무거운 짐 생각나 그리움을 지울 수 없네,

길가 편백 나무 군락지에 둥지 틀고
정답게 지내던 새들 찬 바람 불자
온몸에 한기를 휘감고 저 멀리 날아가네.

시골 인심 가득한
말바우 시장 길 터벅터벅 걷는 소리
친구야 얼굴 한번 보자! 그대 음성 들려 오네,

고목의 새순

길동무

하늘엔 구름이 잔뜩 끼어
가랑비 부슬부슬 내린다.
길가에 활짝 핀 철쭉이
여리여리한 여성스런 모습으로

꽃구경하는
사람들은 꽃물 들어 버렸다.
내가 좋아하는 뽀사한 분홍빛으로
한참 피어오르는 청춘들
웃음을 멈추지 않는 철쭉꽃 앞에
떠날 줄 모르고 멈춰 버렸다.

바람에 꽃들이 흔들린다.
이 예쁜 꽃들 비에 젖어 떨어질까!
못내 아쉽다. 걷는 동안 가랑비는
오락가락해도 봄, 가뭄 뒤에 오는
단비여서 불편하지 않다.

길가 소나무에 푸릇푸릇 새잎이 돋고
이팝나무에 하얀 눈꽃, 오동나무는
연분홍 꽃잎 입고 서로 어울려
향연을 펼치며 반가운 인사 나눈다.

누군가 지팡이 짚고
가던 길을 몇 바퀴 돌고 있다.
흐르는 강물처럼 뒷모습 쓸쓸하다.

길은 마음대로 간다지만 마음대로
안 되는 게 인생길, 다들 자기 길을 내며
살아가는 것 같지만
모든 길은 사방으로 통하는 것 같다.
기쁨과 노여움, 슬픔과 즐거움으로

빗줄기는 가늘지만 내 안을 적시는
빗줄기가 더 굵다. 세월 따라
무너져 버린 감태나무 지팡이로 되살아나
허정허정 걸어가는 길동무가 되었다.

고목의 새순

따스한 온정

느릿느릿 걷는
등 굽은 할머니 산나물 한가득
담은 봉지 손에 쥐여 주신다.

손 마디마다 거칠고 굵은 주름살
고마운 마음 부끄러운 마음
돈으로 매길 수 없는 따스한 온정

전통시장 나가 장 본다.
난 정당한 대가를 지급하는가!
누군가 삶의 에너지 고갈시켜 얻은 것

무엇으로 대체할 수 없는
소중한 땀방울, 따스한 온정이
손끝을 타고 온몸으로 퍼진다.

마음의 두레박 물

고향 마을 안길
들어서니 눈길 가는 곳이 있다.
심한 가뭄에도 마르지 않던 그 샘물
정겹고 정결하게 영혼을 채워주었다,

언제나 청량감을 주는
샘물 속에 하늘 구름이 떠가고
바람결이 나부끼는 마을의 생명수였다.

반 백년지나
불현듯 그리워 찾아간 고향
지난 흔적이 켜켜이 쌓인 마을
언저리는 변해 눈에 선하고.

집마다 수도가 설치되어
우물 찾는 발길 뜸해 사철 샘솟던
정겨운 샘물은 바닥을 드러내고 있다.

물통이고 다니던
어머님의 봄날은 언제였던가!
영원하리라 생각했던 어머님도
샘물도 기억에서 점점 멀어져간다.

고목의 새순

가슴속에 자리한
잊지 못할 정겨운 샘물
두레박 물 한 모금 떠 마시고 싶다.

정겨운 만남

오랜만에 만난
아우들과 우애 깊은 자리였다.
따뜻하고 온화한 빛이 흐르고
끈끈한 얘기가 있었고 해묵은
간장처럼 감칠맛 나는 정이 서려 있었다.

세월의 양식을 먹다 보니
형제간의 간격은 시나브로
어쩔 수 없이 멀어져만 간다.

숙성된 얘기들이
저녁노을처럼 잊지 못할 순간이 되고
푸르던 그 시절 기억들이 되살아난다.

정겨운 만남 정겨운 차 한잔
정겨운 대화 나누며
그가 선보인 작품들
날 깜짝 놀라게 했다.

독학으로 배운 그림 솜씨
천재적인 예술적 감각을
뽐내는 재능이 숨어 있다.

고목의 새순

네가 정말 자랑스럽고
그립고 또 보고 싶다.
오랜만에 만난 정겨운 아우들...

*오랜만에 만난 아우들과 차 한잔

사랑하는 손주에게

사랑하는 손주야!
가족으로 태어나 줘서 고맙다.
오늘도 꿈을 위해 정진하고 있는
너희가 보고 싶어 편지를 쓴다.

굴곡지고 험난한 길 걸어왔던
할아버지보다 모진 시련이 닥쳐도
능히 이겨낼 수 있으리라 믿는다.

그러기 위해선 소중한 하루하루를
충실하게 보내야 한다. 성공한 사람들은
주어진 일에 최선의 노력과 인내심이다.

내가 원하는 꿈을 이룰 수 있는
기회는 준비된 자에게만 온단다.
준비를 소홀히 해서는 안 된다.

이 순간은 다시 주어지지도
기다리지도 않고 노력한 만큼
너희들의 미래가 펼쳐진다.
몸과 맘이 건강하게 성장하여
세상에 공헌하는 사람이 되길 바란다.

고목의 새순

항상 든든한 너희가
할아버지 곁에 있어
맘이 흐뭇하고 자랑스럽다.
오늘은 이만 줄인다.
너희들 사랑하는 할아버지 할머니가...

2부

내가 꿈꾸는 그곳

가난2

가난은 죄인이었다.
바늘로 꿰맨 헌 옷 입고
늘 우울하고 기가 죽어
남의 눈 피하고 싶었다.

쪼들린 살림살이에 병원 신세도
못 지고 일찍 세상 떠난 아버지
생전에 자식 노릇 못한 후회의 눈물

온종일 햇빛 등지고
기계처럼 일만 해도
남 눈치 보는 셋방살이 서러운 눈물

끝 안 보이는
가난의 먼지 속에
천대받을 때 영육이 두 개로
찢어지는 듯한 가난의 눈물이었다.

가난은 모든 걸 집어삼키고
자존감과 의지마저 잊게 했다.
따스한 햇살이 포근히 날 감싼다.

마당 한구석 심어 놓은 감나무
주렁주렁 달린 감 나도 이만하면
넉넉하다. 가난은 나의 은인이다.

고목의 새순

가난3

영원히 잊지 못할 애달픈 고향
찬 바람 불고 파도치는 바닷가
다들 배 타고 바다로 나가는데

타고 나갈 배가 없어
먼바다에 설치된 김발만
말없이 바라보시던 나의 아버지

선착장 끝머리에 앉아
나도 덩달아 우울한 마음
먼바다만 멍하니 바라보았다.

내 마음의 처연한 아픔을
달래주고 위로해 준 슬픈
파도 소리가 아직도 귓가에 맴돈다.

가난의 눈물

어두운 세상 방황하며
버티고 견디지만, 너무 힘들어
살아갈 곳 찾아 고향 떠난 그대

조상 묘 찾아 벌초할 때는
온몸 땀에 흠뻑 젖은 그대
정겨움이 묻어나는 목소리
아우는 그냥 있어!

막걸리 한잔으로 허기를 달래며
하루를 접는 집안 고요한 실어증
거센 비바람 몸소 막아내고
문들 다 닫고 잠들었던 그대

삶의 무게 짓눌리다가
낙엽 따라 홀연히 떠나간 그대
생각나 가난의 눈물이 젖어오네

고목의 새순

슬픈 기억들

가슴에 새긴 글이다.
가슴에 젖은 눈물이다.
눈물도 웃음도 쓰라린
얼룩이 흔적을 남긴다.

가난의 굴레 벗으려고
아픔에 아픔을 더하고
고통과 번민 속에서 늘 허우적거렸다.

한결같은 마음 깊은 우정
깊은 곳에 자리 잡은 그대
아픔을 보듬어 주고 용기를 주었다.

내 곁에 머물던 소중했던 순간들
뒤돌아보지 않고 그냥 스쳐 지나
어려운 감정이 마음을 헤집어 놓는다.

외롭게 핀 들꽃

저마다 잘났고 잘나 보이려고
애쓰는 세상에서 보이지 않는
그늘진 곳에 말없이 들꽃 피었다.

혼자 피고 지는 들꽃
얕보거나 업신여기며
아무도 거들떠보지 않는다.

길가에 핀 이름 모를 들꽃
무심코 지나치다 돌아보니
소박하고 수줍은 미소가 좋다.

소문 없이 피었다 지는 들꽃
슬픔의 향기를 안고 있는
그댈 안아주고 지켜주고 싶다.

고목의 새순

인고의 시간

외로운 겨울밤을
견딜 수 있는 것은
꼭 만나야 할 사람이 있기에

괴로운 순간에도
무너지지 않는 것은
희망을 속삭여 주는
그대의 음성이 있기에

엄동설한의 서러움에도
눈물을 꾹 참는 것은
꽃피는 봄날의 약속이 있기에

한겨울 용감하게
나목이 되어 있는 것은
강하고 대담한 삶의 비결을 알기에

시련 속에서 피는
꽃이 아름다운 건
삶의 향기를 담고 있기에

숙성의 시간

이제야 알 것 같다.
잘 익은 김치 맛
철드니 알 것 같다.

숙련된 요리사는
맛을 내기 위해
재료를 가려 쓰지만
너무 많이 쓰거나
적게 쓰면 맛없는 요리가 된다.

먹지도 못할 요리
무작정 만든다고 요리사가 아니듯
인고의 시간 견뎌내야만
깊은 세월의 맛을 볼 수 있다.

꾹 참았다

화나도 안 난 척
슬퍼도 아닌척했다.

추워도
더워도 참고 지냈다.

더러워도
참고 견디었다.

그냥 꾹 참았다.

마음의 상처

십여 년 전
선의로 투자하게 했던
약속들 응답이 너무 늦다.

이젠 원금이라도
빨리 돌려받고 싶은데
바닥에 누워져 있는 시세

가끔 핸드폰이 울리지만,
기분 좋은 소식 없고
여유자금 투자하라고

여태껏 신의를 중시하며
세상을 살았는데 그들은
신의보다 거래에만 관심 있다.

선의를 이용한
그들과 멀어지고 싶지 않다.
답답하고 속상해서 술 한잔 마신다.

고목의 새순

공감과 배려

우린 매일 누군가와
대화 나누며 살아간다.
그런데 자신의 감정을 상대방에게
잘 전달하기가 쉽지 않은 것 같다.

말을 상대방에게
쉽게 전한 것 같지만
조금은 머뭇거리고 눈치를 살핀다.

먼저 말을 꺼내는 분은
상대방이 경청해 주길 원하지만
실제로는 건성으로 듣는 분이 많다.

마음을 담은 언어
상대방이 무시하거나
도외시하면 화도 나고 서운해진다.

자주 이런 일이 반복되면
부정적인 선입견이 생긴다.
말을 함부로 해서 사소한 말
한마디가 오해를 만들고 상처를 준다.

서로 다름을 인정하고
그럴 수 있겠다! 라는
공감과 배려하는 마음으로
진실을 전하고 귀담아들어야
인생이 한결 편하고 부드러워진다.

고목의 새순

누군가에게 관심을

가던 길을 멈추고 누군가 바라본다.
너의 눈빛 속에 내 옆 모습이 띄었는지

날 찾지 않는 사람 굳이 마중
나가야 하나 네 얼굴 잊혀질까 두렵다.

누군가 좋아한다는 것은
그 사람을 주의 깊게 살펴보는 것
있는 그대로 받아들이는 것이다.

사람들은 누군가에게 인정받고
자기 말을 들어주고 돌봐주길 원한다.

사랑은 무례하지 않고
자신의 유익을 구하지 않고
상대방이 원하는 것을 알아주는 것이다.

바쁘다는 핑계로
모른 체 하고 지나간다.
소중한 사람 여기 눈앞에 서 있는데.

용서를 빕니다

듣기만 해도 떠오르기만 해도
언제나 아늑하고 포근한 품속
눈에 어리는 그리운 어머님

늘 배고팠던 그 시절
자식들을 위해 아랫목에 밥을
보물처럼 묻어 두셨던 어머님

오 남매 키우시느라 쉬어가는
꽁보리밥 한 덩어리로 허기 달래시고
자식을 위해 한평생 달려온 어머님
영원히 함께 있을 줄 믿었는데...

한가위 지나고 삼 일째 날
삼배 옷 입고 먼 길 떠났지요,
어느덧 십육 년이 훌쩍 지나갔습니다.

거센 비바람도
아랑곳하지 않고 허름한 옷차림
기쁨도 사랑도 다 자식에게 먹이시고
자식 잘되길 바라는 한없는 기도

고목의 새순

내 마음 옹졸하여 그 흔한 옷 한 벌
제대로 해 드리지 못하고
따뜻한 말 한마디, 못해 드린 자식

자식들이 아프면
자신보다 더 걱정하고
붉게 물든 사랑을 가슴에 품고
따스한 손길로 감싸주시고 아파했던 어머님

수년간 숙환으로 고생하심에도
지나가는 구경꾼처럼
어머님의 방을 기웃거렸습니다.

살아생전 그 은혜
잊지 않았던 적이 있었던가?
무심했던 지난날 씻을 수 없는 상처

이제야 그릇된 것임을 깨닫고 나니
가슴 아픈 기억들이 자꾸만 떠올라
처진 어깨에 가슴이 저미어 옵니다.
그리운 어머님 죄송합니다. 용서를 빕니다.

내 취향이 아닌 자리

좋은 사람 좋은 자리
좋은 음식 많아도
앉을 자리는 달갑지 않다.

건성건성 건네는 인사
건배하며 잔을 부딪친다.
그만 일어서야 하나
더 앉아 있어야 하나,

돈 들고 시간 들고
몸도 힘든 자리
체질에 맞지 않는 술자리
술 한잔에 마음을 달랜다.

주책없이 잘난 채하고
휴대폰을 만지작거리고
무슨 일이 있는 듯
눈치 보며 화장실 간다.

분위기에 딱 맞는
말도 없고 가만히 있자니
어색하다. 높으신 분들

고목의 새순

곁에 앉아 자리 뜨기도 민망하고

조금만 더 하다가
멋쩍은 얼굴로 자리를 털고
일어나 당당하게 뜻 전하지 못해
찜찜한 마음 안고 허정허정 길을 걷는다.

저편 하늘에 먹구름이 몰려온다.
길 가는 사람들 쫓기듯 뛰어가고
시원한 장대비 쏟아붓는다.
빗물이 쓸고 간 자리 마음 까지 시원하다.

혼자라서 외롭다

언제나 든든한 그대
아무런 소식도 없다.
무슨 일이 있는지 부담스러운지

찬 바람 부는 들판 길을 걸으니
나도 모르는 사이 외로운 눈물이
볼을 타고 흐른다.

산책하는 사람들 발걸음이
가벼워 보이는데 그대 향한
발걸음은 한없이 무겁기만 하다.

소슬바람에 무성했던
마음 다 내준 나목 그대 향한
마음만 올곧이 남겨진 모습 처연하다.

힘든 날 감싸 안아주고
그리운 날 토닥여 주던
그대 손길이 자꾸만 외롭게 한다.

고목의 새순

전화 한 통

몸 아픈데 어떤가?
걱정스레 묻는
그대의 전화 한 통

정감 어린 목소리
따뜻한 위로 한마디
너무나 고마웠다.

찐한 묵은지 같은
그대가 그냥 한
안부 전화 한 통

나한테 전화
한 통이면 충분하다.
더 이상 바랄 게 없다.
그대가 내 안에 있어

저무는 길

편안한 공원 숲길 걷다가
내리막길 접어드니 다리가
후들거린다.

그늘진 나무 아래 혼자 앉아
먼 산 바라보니 발목 잡은
해묵은 상처가 가슴을 두드린다.

모진 엄동설한 비바람 견디고
포근하게 감싸 안은 고향 바다,

밀려오는 파도 온몸으로 막아도
늘 배고프고 춥고 외롭고 부끄러웠다.

남몰래 눈물 삼킨 무명옷 입은
소년에게 넉넉한 사랑 주고 싶다.
두 어깨 토닥여 주고 싶다.
……

파란 가을 하늘
쉬엄쉬엄 흘러가는
흰 구름 마냥 한가롭다.

고목의 새순

나뭇가지 끝을 꼭 붙들고 있는
단풍잎 보는 이의 마음이 애처롭다.

하늘까지 치솟은
편백 나무 위 참새들 가진 것 없어도
기쁨의 깃을 치며 노래 물어 나른다.

친구야 잘 사셨어!
니가 나보다 낫다.
너만큼 잘사는 이 드물어

손잡고 다정히 걸어가는
노부부, 서산마루 노을이
붉게 피어나 정겨운 온기를 불어넣는다.

아비의 마음

세상일을 다 알 것 같은
불혹을 넘긴 나이인데도
짝 만날 생각 없는 삶

무슨 인연 닿아야
제짝 만날 것인지
어떤 사연 있어야
제짝 만날 것인지

어떤 자격 갖추려고
어떤 변화를 주려고
아무 생각 없이 지나버린 시간
잡으려 해도 아무 소용이 없다.

혼자보다 둘이 좋다.
외롭고 힘들고 막막하고
마음 아플 때 행복감을 얻는다.

자신의 미래를 생각해 봐라!
사랑하는 짝 만나 오순도순
속삭이며 사는 게 인생이다.

고목의 새순

나이가 드니

나이가 드니
세월의 흐름에 몸을 맡겨
아무런 감동도 느낌도
의욕도 없고 헛헛하기만 하다.

가슴에 남은 기억의 편린들
새록새록 되살아 텅 빈
허무가 밀물처럼 몰려온다.

쓸데없는 공상이 풍선처럼
부풀어 올라 고민할 때가 있다.

가끔은 외로움에
시린 가슴 쓸어내릴 때가 있고
사소한 일에 쉽게 짜증이 나고
분노 조절이 어려워
늘 후회할 때도 있다.

세월 속에 기쁨도 있고
눈물도 있고 추억은 아름답지만
그것 만으론 속이 너무 허전해
욕심이 날 때가 있다.

나이가 드니
몸의 이음새가 녹슬어
계단 오르면 소리가 난다.
이젠 모두 잊고 무심해지고 싶다.

고목의 새순

추억의 뒤안길

그리운 고향 집
추억은 방울방울
그 한 방울
한 방울 들여다본다.

푸른 하늘 푸른 바다
푸른 바람 뒷산 들판
돌담길 세월의 흐름을
고스란히 간직한 곳
내가 태어난 섬마을

고마운 사랑
미안한 사랑
보고픈 사랑
사랑 앞에 눈물 흘려도
눈물이 멈추지 않네,

침묵 속에 담아둔 말
미안하다. 사랑한다.
추억과 꿈의 땀방울

사랑이 머무는 곳
행복이 가득한 곳
한없이 고마운 추억의 뒤안길

고목의 새순

우리의 우정

푸른 하늘 막 새바람이
가을 내음을 가득 물고
내 곁을 살포시 스쳐 간다.

우리 한번 보자고 한 다짐
지키지 못해 소중한 추억이
아련히 떠올라 맘이 공허하다.

만나면 달디단 목소리로 밥 먹었니!
다들 외면한 후미진 길에서
다가와 감싸주던 그대
내 마음의 거울이었지

난 한 걸음 다가서면
넌 두 걸음 앞서가는
네 열정이 나의 열정이 되었다.

우린 어두운 밤하늘 아래
너덜겅 같은 돌길을 걸어 왔다
맘을 달래 주던 진작지 파도 소리
구랍 바다 둥구런 몽돌 구르는 소리

또 한 해가 저물어 간다.
고향 바다가 그리워진다.
잊지 말자. 우리의 우정을…

고목의 새순

내가 꿈꾸는 그곳

새벽부터 눈보라가 몰아친다.
지난 일들이 머릿속을 비집고
들어온다.

헐벗고 배고픈 그 시절
초라한 몰골이었다.
밤잠 설쳐가며 작물 걱정하는
시골이 싫었다.

손목 잡고 이끌어 줄 사람
주변에 아무도 없었다.
가슴에 흐르는 눈물 삼키며
깜깜한 어둠 속 걸었다.

진정한 내 모습
언제나 볼 수 있을까!
가난은 날 창피하게 만들어
배움의 갈증이 심했다.

저 바다 건너 큰 세상
푸른 바다 위를 걷는 꿈을 꾸며
흙길 따라 터벅터벅 외로이 걸었다.

창밖에서 고군분투하며
반복된 일상 지쳐갈 때
반드시 밀물은 온다는
사실을 믿으며 걷고 또 걸었다.

어두운 밤 지나고
새날이 밝아온다. 내가 꿈꾸는 그곳...

고목의 새순

핸드폰

호주머니에 손을 넣으니
아무런 느낌이 없다.
소통의 친구는 어디 있는지!

갑자기 몸이 굳어진다.
긴장감이 밀려오고
식은땀이 흐르고
난생처음 무인도에
홀로 서 있는 느낌이다.

허둥지둥 친구 찾아
헤맨다. 너무 길고 긴
암흑 같은 고통의 시간이다.

한나절 만에 다시 만나
어찌나 기쁘고 반가운지!
만져주고 닦아주고 살아갈 힘을 준다.

친구는 보답으로
이것저것 다 알려준다.
우리가 진짜 친구란 걸
이제야 뼈저리게 느낀다.

매일 매일 기분 좋은 나날이다.
시도 때도 없이 날아드는 문자
종친회, 건강. 투자 안내 등

까꿍 한 소리 귀찮아
카톡방에서 퇴장한다.
말문 막히니 온몸이 부르르 떨린다.
문을 열고 멍하니 쳐다본다.
세월 가는 줄도 모르고

자고 나면
가장 먼저 소통의 친구
찾아 창문을 연다.
한시도 떨어질 수 없는
분신 같은 존재 고맙다,

고목의 새순

친근한 호칭

형님이라는 어감
다정하고 벽의 느낌이 없는
친근한 호칭 재직 기간에
형님이라 부르고 싶은 분이 있었다.

신분 중심적이고
권위적인 공직사회에서
자상하고 다정다감한 상관이었다.

환경이 바뀌고 나서
가끔 마음을 전하면
우린 같은 처지인데
뭘! 하며 고마워하신다.

해묵은 직장 내 호칭
생각하고 싶지 않지만
너무 존경스러워 형님!
이라고 부르지 못하고 있다.

정이 흠뻑 젖어 들고
벽이 느껴지지 않는
형님이라고 부르면 어떤 표정을 지을까!

코뚜레 모임

오랜 벗들과 함께한 시간
가슴 따뜻하고 포근했다,
설렘이 가득했던 그날
그곳엔 입맛 나는 갈낙탕 있었다.

보양식 맛집 한구석에서
도란도란 밀린 얘기 나누며
야들야들한 낙지 한 마리
진한 감칠맛 나고 푸짐했다.

반갑게 마주 잡은
손들 사이로 묻어나는 정
해 맑은 미소로 둥글게
날 감싸주고 기쁨을 준다.

예나 지금이나 기쁨을 주는
그곳엔 서로 존중하며
신의가 있었고 추억이 있었고
들꽃처럼 소박한 우정이 있었다.

늘 그립고 불러 보고 싶은
나의 좋은 친구 영원한 친구

고목의 새순

쉴 새 없이 쏟아내는 정담
몰랐던 안부 나누는
그날이 자꾸만 그리워진다.

3부

익어가는 가을

봄이 오는 소리

구름 한 점 없는
파란 하늘, 저 멀리 보이는
청송은 푸르다 못해 눈부시다.

목덜미가 싸늘해
귀 덮는 모자 눌러쓰고
두꺼운 잠바 입고 길 나선다.

산책길에 만난 사람들
웃는 모습 정겹고 고요한 숲
걸어가니 맘이 한결 차분해진다.

따스한 햇살 아래
기지개 켜는 봄나무들 날 보며
반갑다고 손 흔들고 인사한다.

길섶에 앉아
마른풀 사이 들여다보니
아직도 찬 바람 부는 겨울인데
손톱만 한 초록 싹들이 솟아난다.

발걸음 멈추고 눈길
머무는 곳에 봄이 오는 소리
매화꽃 봉오리 터지는 소리 들린다.

고목의 새순

봄비

봄비가 내린다.
실 같은 봄비가 온종일 소곤소곤
산야의 초목들 꽃봉오리들을 깨운다.

묵은 겨울의 그림자 씻어내는
봄비 땅속 어두운 곳에 머문다.

봄비가 그친
먼 산등성을 뒤덮은
운무가 너울대며 춤을 춘다.

산과 들녘엔 생기가
가득하고 나뭇가지에 앉은
물방울이 수은처럼 반짝인다.

겨우내 움츠렸던 매화나무
꽃망울 터트리고 나뭇가지
끝에 핀 꽃 눈물이 섞여 있다.

여린 초록 새싹들 대지를
밀어 올려 돋아나고 뿌리는

어두운 흙 속에서
손에 손잡고 조용히 뻗어간다.

고목의 새순

봄날

화창한 봄날,
늘 고향처럼 푸근하고
정감이 간 말바우 시장

골목 어귀에서 만난
꼬부랑 할머니 쪼그려 앉아
푸성귀 다듬으며 사세요!
나지막한 목소리 들린다.

아무도 눈길 주지 않는
좌판 위 푸성귀는 봄볕에 시들고
누군가 그냥 지나쳐 아쉬워한다,

세월의 흔적을 간직한
주름진 손 위로 봄날은 가고
무심히 지나는 사람들 사이
멀어지는 길 멍하니 바라본다.

봄나들이

파란 하늘 맑은 공기
산들바람 불어오는 날
가족 나들이 나선다.

들판엔 온갖
기화요초들이
만발하여 화려한 자태 뽐내며
오고 가는 발길을 사로잡는다.

한 걸음 한 걸음
조심스레 길을 걷는다.
가끔은 뒤처진
아내 기다리며
힘들면 손잡고 걸을까?

행여 누구라도 보는 양
날 쳐다보며 손사래 친다.
그러나 아내는 안다. 내 마음을...

사랑의 향기 가득 실은
자리 잡고 당신을 향한

고목의 새순

웃는 얼굴로 찌든 마음
치유의 시간을 자주 갖고 싶다.

벚꽃

가로수 길 양쪽 흐드러지게 핀
벚꽃 가지마다 연분홍 꽃들이
하늘 수놓고 꽃구름이 피어올라
빼어난 풍광을 자랑한다.

무수한 꽃망울 터뜨린 벚나무
아래 서면 바람난 듯 가슴 설레고
꽃향기에 취해 꽃비에 취해 날 잊는다.

봄빛으로 물든 푸른 세상
끝없이 이어진 벚꽃 가로수
길에 떨어진 꽃잎 사뿐히
지르밟으며 봄을 온몸으로 만끽한다.

고목의 새순

보리 사랑

긴 엄동설한 이겨낸
보리싹을 보면 애잔하고
자랑스럽고 가슴 짠하다.

무럭무럭 자라는
보리밭엔 산들바람 불고
막 패기 시작한 보리 이삭들
서로 얼굴 부딪치고
물결처럼 나부낀다.

누렇게 익어가는 여름 문턱
풋보리를 베어다가 힘겹게 넘던
보릿고개 그 시절 생각나
뭔지 모르게 가슴이 시려온다.

가난을 넘어서려는
거친 숨소리만 들리던 소박한 초가집
배고픈 서러움을 견디며 하루하루 보냈다.

주린 배 채워주었던
고마운 설익은 보리

너의 가치를 아는 농부들은
널 심고 널 키우며 사랑하며 살아간다.

고목의 새순

비둘기 사랑

매일 걷는 산책길
소공원 쉼터 우거진 숲 아래
어르신들 모여 수담 나눈다.

전봇대 줄 위 비둘기
푸른 하늘에 떼 지어
한 바퀴씩 휘돈다. 공원 빈 바닥
먹이 찾아 부리로 땅을 쪼아된다.

한번 맺은 인연 평생 사랑
서로 부리 맞대고 **뽀뽀**하는
정다운 부부 언제부터인가
보이지 않아 마음 한구석 텅 빈다.

어디서 왔는지
사방을 두리번두리번
고개 숙이며 꾸벅꾸벅 인사한다.

모이 주는 어르신
신기하게 알아보고
사랑의 손 아래 모여든다.

비둘기는 서럽다.
어제는 평화의 다리
오늘은 유해 동물
세상을 살리는 길은 공생의 길이다.

주위 맴돌다
푸른 하늘을 날아오른다.
사랑의 향기 바람에 실려 온다.

고목의 새순

매미의 사랑

시끄럽다 매미야!
적당히 좀 울어라,

니가 우니
날이 너무 덥다.

우는 게 아니다.
사랑하고 위로하려
노래 부른다.

무더위

온열 질환 대비
선크림 바르고 양산 써도
온몸 비 오듯 젖은 땀방울
다리가 후들후들 얼굴이 화끈거린다.

가축들 깊은숨 헉헉거리고
농민들 한숨 소리 들린다.
시원한 그늘 찾아 부채질해도
덥고 답답하고 짜증스럽다.

무더위를 원망하니
자신이 맡은 일만 묵묵히
수행하는데 구름 바람 가는 길
가로막고 마구 흔든다고 서운해한다.

그늘진 느티나무 뒤
숨은 가을아! 빨리 오라 손짓하니
가는 날 시간 맞춰 이사 준비하니
말복이 기다리라고 한다.

더위야 빨리 물러가라
고향 바닷가에 모든 걸
내려놓고 맘 편히 지내고 싶다.

고목의 새순

장맛비

비가 보슬보슬 내린다.
풀잎들 더덩실 춤을 추고
마른 잎 되살아난다.

강한 장맛비 내린다.
가뭄을 찾아온 장맛비
쩍쩍 갈라진 논바닥
폭우가 지나간다.
댐 넘치고 둑 터진다.
순식간에 쑥대밭 되었다.

산이 무너져 내리고
들판 지하차도 물바다
어안이벙벙하다. 설마 라는
안일한 의식 뒤늦게 후회한다.

얼마 전까지만 해도 널 기다렸는데
머릿속 정자 모습과 달라 당황스럽다.
이젠 널 보내고 싶다. 무심한 장맛비

때가 되면 찾아오고
때가 되면 지나간다.

불평불만 하며 남 탓한다.
남 탓하면 답 없다.

세상에 가장 더러운 것
마음을 씻어 주고
만물을 이롭게 하는
빗물 당연하게 생각한다.

고통이 찾아왔다는 것
아직 살아 있음이다.
고통의 장맛비 피할 생각 없다.
내일은 무지개가 뜬다.

고목의 새순

폭염경보

연일 밤낮 없는 찜통더위
날아온 폭염경보 안내 문자
노약자 야외활동을 자제하란다.

작열하는 태양
도심 거리는 한산하고 아스팔트
지열이 부글부글 끓어오르는데
바람도 없고 구름도 없다.

지쳐버린 심신 입맛이 없고
의욕도 떨어진 나날이다.
등이 뜨겁다고 매미가 울어댄다.

폭염 속에 모여드는 터미널
사람들 시끌벅적 떠들어댄다.
비지땀 흘리며 이리저리 돌아본다.

서늘한 바람이
그리워 길 떠나도
사람들 틈새는 더위만큼 짜증스럽다.

나이테

산길 걷다가 우연히
마주친 밑동 잘린
고목이 날 쳐다본다.

꽃보다 아름다운
동그란 나이테
외롭게 먼 곳에 박혀있다.

지나간 상처의 시간
모두 다 가슴에
옹골차게 쟁여 두었다.

공으로 가는 길이란
세상 어디에도 없다.

고목의 새순

익어가는 가을

가을 정취가 물씬 풍기는
감나무엔 소담스러운 추억들이
주렁주렁 매달려 곱게 익어가고

산들이 익어가고
하늘도 익어간다.
당신의 말씀이 무르익어 가고
꿈도 익어가고 햇살도 곱게 익어간다.

흐르는 물은 점점 익어
너른 강이 되어가고 시인의 고뇌는
바람의 무게만큼 깊어만 간다.

익어간다는 것
모진 세월 속에 나의 참모습이 되는
시기다. 그렇게 시간은 흐르고 흘러
생애의 모든 풍경이 익어간다.

가을 아침

동트는 새벽 눈뜨자
창밖에 연무가 꿈틀거리고
창가에 기대 싱그런 향기 미시며
거울 속 일그러진 얼굴 다듬질한다.

마당 한쪽 감나무 감이 주렁주렁
짹짹 노래하는 참새 떼
신선한 바람 완연한 가을 온다.

가을의 진객 하얀 구절초꽃
이슬로 세수한 꽃잎이
함초롬히 웃고 막 떠오른 햇살
싱그러운 풀잎 사이 파고든다.

매일 받는 선물 오늘이란 선물
나의 하루 오늘도 빛난다.
먼 산언저리 늘 푸르른 청솔
오솔길을 걷고 싶다. 9월, 가을 아침

고목의 새순

가을 정취

수채화처럼 감동적인
가을의 정취
싱그런 향기
사랑의 향기
마음 설레게 한다.

파란 하늘 흰 구름 여유롭고
노랗게 익어가는 가을 들판
보기만 해도 배부르다.

가을꽃 바람
가을의 정취
온몸으로 듬뿍 담고

구름이 흘러가듯
바람이 쉬어가듯
추억을 통해 우리는 흘러간다.

단풍잎

수지(樹枝) 끝에
매달려 있던
시절이 찬란한 세상이었다.

우러러보던 시절이
삶의 기쁨과 보람을 느꼈다.

울긋불긋 꽃단장한
모습을 보고 감탄하더니

세월 따라
바람 따라 떨어지니
무참히 짓밟고 외면한다.

고목의 새순

홍시

해마다 이즈음 홍시만 보면
돌아가신 어머님이 생각난다.

텅 빈 방 안
홀로 계셨던 연로하신 어머님
누군가 보내온 말랑한 홍시 잡수시고
"달고 참 맛있다."

미소 짓던 어머님의 얼굴
덩달아 내 표정도 밝아졌는데
그 마음 헤아리지 못하고 그냥 지내

좋아하시던 홍시 하나
챙겨드리지 못한 무심한 자식
해마다 이맘때 홍시만 보면
감빛 회상에 젖어 눈시울이 자꾸 붉어진다.

겨울나무

찬 바람 불고 눈 내린
산야에서 가진 것 다 버리고
서 있는 겨울나무 의연하고 강건하다.

그 자리에서
가지마다 가득히 핀 설화
몽환적이고 신선함을 안겨준다.

그 자리가
지루하고 괴롭지만 말없이
속울음 삼키며 새날을 기다린다.

그 자리에서
분분하게 일어난 옹졸한 마음
무안하지 않게 깊은 지혜 가르쳐준다.

*2025.1.27. 강원 원주 스키장에서

고목의 새순

겨울을 나는 들풀

긴 엄동설한에도 살아있는
들풀이 있다. 추위를 견디며
봄을 기다리는 들풀이 있다.

한없이 초라해 보잘것없고
이름도 없는 들풀
뭐라 부르건 말건
관심이 있건 없건
아무런 상관하지 않는다.

시린 몸 덮고 있는 낙엽 한 장
바람 따라 떠나도 아쉬움 없이
새봄을 기다린다.

바람이 불면 고개 숙이고
햇살 비추면 마음을 열고
눈 내리면 이불 삼아 덮고
누군가 밟으면 밟히는 대로
견디며 겨울을 나는 들풀이 있다.

고요한 겨울

고요한 겨울 아침
계절은 조용히 스며들고
청량한 공기 맘껏 마신다.

앙상한 가지 배롱나무
초라하게 서 있고
나무 소리 새소리 사라진 숲
물기 어린 흙냄새 날 부른다.

춥기만 했던 겨울
언제부터인가 고요하고 평온하니
신년은 나만의 속도로 흘러가고 싶다.

고목의 새순

첫눈 아침

새날이 밝았다.
덜 깬 잠에 대충 얼굴 다듬고
카톡 인사 나누고 밖을 나서니
기분 좋은 설렘 가득 안겨준다.

밤새 내린 첫눈
순백으로 물든 공원
아침 햇살 받아 눈부시게 빛난다.

포근하게 감싸주는 눈꽃
나뭇가지 위 까치 두 마리
날개깃 하며 반갑다고 날 부른다.

지난날 마음의 상처
바람에 날려 보내라고 기쁜 소식
전해 준다고 깍깍 소리 내어 운다.

하얀 눈 위 뽀득거리는
발걸음 소리 귀가에 스며들고
청아한 공기 몸도 마음도 상쾌하다.

새해 첫날

뜨락의 풀뿌리는
찬바람에 숨을 죽이고
하늘엔 새 한 마리 날지 않는다.

잔잔하게 흐르는 강물에서
시간을 보니 시간은 흐르지 않고
나만 변해버린 것만 같다.

묵은 때 벗고
갈색 알몸으로 길가에 서 있는
배롱나무 무심히 지나쳐 부끄럽다.

버리지 못한 습관
이제 버릴 때가 된 것 같다.
아낌없이 내주지 못해 미안하다.

수평선 위 떠오르는 햇살 아래
항구 떠난 배는 설레는 꿈 안고
잔잔한 바다로 미끄러져 간다.

고목의 새순

새로운 꿈을 엮었던
숱한 날들 감회가 새롭다.
돌아보고 살펴보고 힘내어 일어나자,

잔설(殘雪)

먼 산봉우리 응달진 곳
겨울의 끝자락에 머문 잔설
미쳐 자리 뜨지 못한 채 그대로 있다.

산야엔
새싹들이 드러내고
숲속 새들도 바빠지고
봄기운이 시나브로 피어오르는데

깡마른 검불에 얹힌 잔설
맘속 아직도 무슨 미련 남아
힘 부친 풀들을 붙들고 있다.

하루가 고통스럽고
버티기 힘든 이곳
누군가 기다리다 슬픔에 젖어
눈물의 흔적만 남기고 덧없이 사라진다.

고목의 새순

꽃 가족 여행

낯선 예쁜 꽃님과 만나
오십 년 동행한 벗님과
금혼식 여행지 하롱베이

파란 하늘 뭉게구름
바다 위 떠 있는 닭 섬
사이좋은 부부처럼
나란히 맞대 이색적이다.

반가워 손 흔들며 환히
웃음 짓는 열셋 꽃 가족
서로 흔적을 남긴다.

고갈된 엄마 꽃 아빠 꽃
에너지 충전의 시간 화목의 시간
일상의 고마움을 깨닫는 시간이다.

사랑의 향기가 감도는
참으로 화목한 꽃 가족이다.

* 종친 가족 여행 사진 답장

거미

늙은 감나무 가지
사이에다 쳐놓은 거미줄에
어머님의 땀방울이 알알이 맺혀 있다.

검은 개미 한 마리가
염치없이 혼자 차지하려고
허공을 짚고 쏜살같이 달려온다.

몹시 밉고 원망스럽다.
아침햇살에 정신 들었나 진정한
구도자처럼 조용히 기도드린다.

고목의 새순

고구마

사랑의 냄새 물씬 풍기는 고구마
손으로 껍질 벗겨 입으로
넣으면 단맛이 스르륵 스며든다.

군것질 없던
그 시절 살며시 떠오른다.
달고도 실팍한 생고구마
깎아 먹고 정심은 의례 대신했다.

고구마 찔 때 김이 모락모락
콧속으로 스멀스멀
들어온 구수한 냄새가 그립다.

겨울의 맛이 가득 담긴
시원하고 새콤한 파래김치
함께 먹던 찐 고구마
입맛 사로잡는 별미였다.

추운 날 화롯불에
구워 낸 고구마 몹시 뜨거워
이손 저손 옮기며 호호 불어
껍질을 벗겨 주시던 어머님

따뜻한 어머님의 사랑 담긴
고구마 맛 잊을 수 없다.
고향의 추억이 새록새록 묻어난다.

고목의 새순

강의를 듣고

사회적 약자를 위해
구원의 길로 인도하는 목회자
끝없는 헌신과 봉사의 여정

구원자님을 만나는
차원이 다른 인생
맘속 깊이 잔잔한 울림을 주네

용기가 필요한 일도 아닌데
왜 주저했는지 보이지 않는
실체 때문이었나 항시 궁금하였네,

오랜 세월 긴 방황의 끝은
그대 만나기 위한 아픔이었나
힘들게 다가온 주님께 기도

그대가 보내주신
축복의 선물 내 안의 그대
한없이 존경스럽고 닮고 싶네,

  * 고길산 박사 강의를 듣고

4부

고향길 따라

고향 바다

소식이 사라지고
연락이 닿지 않는 고독한 곳
안 가면 소용 없는 외로운 곳

멀고 고립된
어둠 속에서 헤어나지 못해
고단한 밤을 보내야만 했다.

고독감에 시달리는
순간마다 한없이 초라하고
한숨 섞인 슬픔이었다.

폭풍이 몰아치고
상처를 적시는 파도 소리
절망이 짓 씹혀 몸이 무너지듯 아팠다.

앞길 가로막는 파도 소리
바위에 부딪혀 하얀 포말을 토해내는
바닷가를 바라보며 봄을 기다렸다.

반백 년 만에 바라본 고향 바다,
내 마음 물들이는 쪽빛 바다,

지울 수 없는 그 시절 흔적들이
길손의 발길 멈추게 한다.

고목의 새순

골목길이 그립다

일성산 계곡 사이 풀 향기 자욱하고
흙냄새 간직한 시골 골목길이 그립다.

차 쉴 곳 찾아 이곳저곳 헤매는
도시 골목길보다 손잡고 걸으며
미소 짓던 시골 골목길이 그립다.

켜켜이 쌓은 돌담길
낡은 작은 구멍가게
오랜 세월을 고요히 품고 있다.

철없는 개구쟁이 가댁질하다,
양지바른 담장 아래 도란도란
얘기꽃 피우던 시골 골목길이 그립다.

담벼락 끼고 언덕 위의 밭에
올라서면 내가 살던 초가삼간
남새밭에 심어 놓은 푸성귀로
정을 담아 버무렸다.

담장 넘어 주고받던 훈훈한 정
살가운 정감이 가득 담겨 있는
고즈넉한 시골 골목길이 그립다.

고목의 새순

공원에 간다

울창한 숲속에 들면
시들은 몸 다시 생기 돌고
숲 향기가 하늘로 퍼져간다.

갈 곳 없고
한 일 없는 노인들 시원한 느티나무
그늘 아래로 모여 앉아 수담 나눈다.

전동 휠체어 타고
나온 장애인 유모차 끌고 나온 할머니
강아지 데리고 산책 나온 아줌마도 보인다.

산들바람이 두 뺨을
살포시 어루만지며
숲 사이로 지나가고
가을이 다가온 듯 녹음 숲속
매미 울음소리가 애처롭다.

숲속의 나무들
서로 어우러져 조화롭게 지내며
누구나 맘 편히 쉬어가라 한다.

기억의 편린(片鱗)들

손에 잡을 수 없고
마음속에 담아둘 수 없다.
덧없이 흘러가 버린 시간

변해가는 시간의 무게 견디지
못하고 기억들 퇴색되어 간다.

가슴에 묻혀있는 뜨겁고
아름다운 초심의 신념들
언제부터인가 닳고 닳아

예전 모습 찾기 힘들고
세월의 깊이가 고스란히 나타난
하얀 마음 점점 어두워져만 간다.

삶의 여울에 가라앉아
씻기고 씻긴 하찮은
조약돌처럼 구겨진 얼굴

감성의 탈을 쓰고
아직도 못다 한 언어들 파닥거리며
기억의 편린(片鱗)들 토해내고 있다.

고목의 새순

나도 일하고 싶다

고즈넉한 산책길 따스한 햇살
살랑살랑 가을바람 살랑 분다.

아무도 알아주지 않는
이름 모를 들꽃 길섶에
하얗게 피어 허전하지 않다.

산들산들 부는 바람에
들꽃이 흔들려도
날 보고 살포시 웃는다.
꽃잎에 애정 어린 시선
가득 담아 주고
가지 않은 길 내리막길 걷는다.

갈 곳 없고 할 일 없는 노인들
공원 한편에 쪼그리고 앉아있다.
지난날 회상하며 고생했어!
손끝에 남은 향기 봄날을 그리워한다.

시름 달래주는 산책길은
예다움의 어머님 마음이며
지루한 일상에서 벗어나는 길이다.

알록달록 옷 철마다 갈아입고
향기 나는 시인이 되고 싶다.
아직도 내 마음은 도담도담
어제보다 더 나답게 일하고 싶다.

고목의 새순

나의 고백

그날이 생각난다. 본청 전입하던
1977년 9월 23일 기대와는 달리
주어진 심적 고통은 커져만 갔다.

늘 안개 속에서 갈피 못 잡고
도움을 받고 싶었지만 주변에
아무도 없어 속울음을 울어야 했다.

날 지탱한 건 참으면 즐거움을
누린다(忍中有樂)는 좌우명이었다.

처지가 초라하여 당당하지 못하고
의연하지도 못했다. 빈곤에 지쳐
배려심의 단어에 어질어질했다.

난 결코 좋은 내가 아니었다.
정직하거나 공평하지 못하고
이기적이었다. 낙오자는 슬퍼
인내하며 고개 숙이고 또 숙였다.

공직에서 벗어나 그냥 그럭저럭

지내는 어느 날 뜻밖의 시문학
당선 소식은 따뜻한 위로의 선물이다.

시가 내게로 왔다.
마음이 풍요로워지고 세상이 넓어진다.
오늘도 시를 쓴다. 시는 나의 고백이다.

고목의 새순

내 고향

오늘도 그곳이 그립네,
하늘과 바다가 만나는 곳
몸보다 마음이 먼저 달려가는 곳

바다 위 둥둥 떠 있는 섬
구도 소안도 보길도 넙도
횡간도 한가운데 있는 큰 섬 노화도

푸른 하늘 동쪽 바다,
사계절 전복 바다
동트는 새벽 김발 설치

어릴 적 뛰놀던 고향 집
뒷산 일성산 기슭에 핀 진달래꽃
노을로 그려내고 그 옆에 필봉산
아래 알갱이 조삼봉이 둘러싸고

마을을 지켜온 당산나무 사라져
마을 중심이 텅 빈 느낌이 드네,

옛길 따라 펼쳐진
산과 들녘 바닷가
밤낮 가리지 않고 바다일 밭일
고단한 하루가 길고 길었던 날

정화수 떠 놓고 기도하는 어머니
아련한 내 고향 두 눈에 보이네...

고목의 새순

사찰 기행(寺刹記行)

하늘과 맞닿은
짙푸른 청솔 숲 계곡 아래 소류지
싱그러운 가을 햇살을 가득 담았다.

그늘진 비탈길 따라
경내 들어서니 고즈넉한 절
천은사 극락보전 새로 신축한 범종각
수많은 보살이 밟고 다닌 절 마당
높은 돌계단이 곱게 다듬어져 눈길을 끈다.

돌담 벽에 새겨진 수처작주(隨處作主)
어떤 곳에 처하든 주인 되라는
뜻깊은 스님의 법문 가슴에 와닿는다.

자비심(慈悲心) 가득한
종친 부부 법당에 보시하는 청정한 마음
죄책감이 느껴진 떳떳지 못한 내 마음

산자락은 병풍처럼 푸른 소나무 군락지
온갖 풍상 이겨낸 삼백 년 된 아름드리
노송 한 그루 우듬지 눈 비비듯 아른거린다.

고즈넉한 사찰 자주 찾아 풍경소리
귀담아들어야 하는데 가을 산 아래
쉼터에 앉아 스님이 남기신 법문을 되새긴다.

2024.10.08. 코뚜레 모이는 날

고목의 새순

산을 오른다

오르는 산마다
크기와 모양이 다르고
풍경이 다르다.
그러나 그 정신은 한결같다.

산을 아는 살가운
산객들은 숲을 걷고
자연을 만나 힘을 얻는다.

따스한 봄볕을 등에
가득 지고 초목들과
대화 나누며 걷는다.

새순들이 기지개 켜고
새들은 노래 불러주고
나무들이 살랑살랑 춤을 춘다.

그곳에 닿기 전에
고통이 날 기다린다.
몇 번이고 돌아갈까 망설여진다.

앞만 보고 걸어온 길
뒤돌아보니 상처 입은
꽃잎들이 손을 흔든다.

어렵게 보이던
그 정상 어느새 다가와
날아갈 듯 쾌감이 든다.

상처 입은 마음
지친 육신, 날 괴롭힌 무거운 짐
다 내려놓으니 가는 길이 가볍다.

섬마을 고향 집

해 질 무렵이면
남쪽 하늘 아래 허름하고
초라했던 섬마을 초가집이 생각난다,

늦가을 되면
손바닥 부르터지게 싹싹 비벼
새끼줄 꼬아 이엉 엮으신 아버지

묵은 이엉 걷고
새 이엉 얹고 나면
정감 나고 살가운 초가집이었다.

온 가족 둘러앉아
된장국 보리밥 상추쌈 싸 먹던
그 시절 맛과 향이 혀끝을 감돈다.

마루에 뒤주는 텅 비어 밥 대신
고구마로 끼니 때우기 일쑤였다.

희미한 등잔불 아래 배 깔고
숙제하다 잠이 들고
늦은 밤 졸음 속에서

헤진 옷 깁고 잠자리 드셨던 어머님

조상님께 치성 올리는
지극한 정성 눈앞에 아른거려
흐트러진 마음 포근하게 감싸 안는다.

눈감아도 눈을 떠도
서로 마주 앉아 도란거렸던 일가친척
모두가 살길 찾아 흩어지고 흔적도 없이
사라진 고향 집에는 추억만이 가득하다.

고목의 새순

소파(의자)

뒷골목 한쪽에 내다 버린
소파 하나가 보인다.

누군가의 거실에서
가족의 편안한 휴식처였던 예쁜 소파

세월에 못 이겨 쭈그러들고
일그러진 빛바랜 낡은 소파

지팡이 의지한 채 길 가던 노인
가쁜 숨 몰아쉬며 소파에 걸터앉아 쉰다.

얼굴에는 물결처럼 깊어진 주름살
무거웠던 지나 세월을 어루만지며

바람에 실려 온 미세먼지가 소파의
수많은 시간의 상처를 감싸고 있다.

숲속에서

녹음 짙은 공원 숲속의 신선한 공기
가로수 그늘 아래서면 숲속 바람
새소리 숲의 향기 달콤하면서 시원하다.

어르신들 정자에 모여 앉아
수담 나누고 주일마다 교회봉사단
신나는 축제 한마당 모두 하나가 된다.

울려 퍼진 음악 소리
발걸음도 가볍고 무더위 속
이팝나무 새하얀 눈꽃이 피어
산들바람에 더덩실 춤을 춘다.

고목의 새순

시 쓰기

시란 무엇인가!
시인의 멋진 문장
맘속에 진한 감성을 가져다준다.

지난날 운 좋게
시인을 만나 뭐부터 여쭤야 할지
얼른 갈피를 못 잡는데
온 마음으로 하나하나 알려준다.

시는 세상을 변화시키고
감동을 선사하며
반성을 촉구하고
위로와 사랑을 전해준다고
정답고 친근하게 알려준다.

시인의 모습
가만가만 떠올려 본다.
몸과 마음을 단정히 하고
책상에 앉아 가끔 나에게
질문한다. 시란 무엇인가?

그대가 그립다. 곁에 두고 싶은 시
연신 끙끙거리며 시를 쓴다.
시인은 날 보고 시인이라 부른다.

고목의 새순

시 쓰는 날

나는 시를 쓴다. 징징거리며
주절거린 시 아직 쓰여 지지 않는 시
보이지 않는 비슷한 문장만 몰려온다.

시를 지인에게 보여주는
일도 버겁다. 공감 해주고
조언 해주는 지인 소통의 수단이다.

어떤 그리움과 쓸쓸함을
시라는 그릇에 담아 놓고
맛보기 아까워 포장해 놓은 것이 시집이다.
다시 풀어 놓고 고쳐 쓰니 초고 보다 무겁다.

내 입맛에 시고 맵고 짜는 것을
지인에게 맛보라고 건네는 것은
잘못된 일이다.

이 맛도 저 맛도 아닌
그저 그런 시 어색하긴 마찬가지
처음부터 다시 쓰자 시가 도무지
안 되는 날 지치고 힘든 날 위안이 되는 시

신비의 푸른 숲

푸른 제주의 신비한 숲
쭉 늘어선 가로수 손 흔들며
인사하고 그늘로 오라 손짓한다.

시선을 사로잡은 삼굼부리
분화구 속 푸른 숲 팽나무
두름길 신선한 기운 전해준다.

밖에서 보면
우거진 숲 들어서 보면
감춰둔 너른 뜰 여유가 넘친다.

바위에 앉아 있는
환상의 숲 이색적인 신비의 숲길
멀리서 바라만 보아도 맘이 설렌다.

몸과 맘을 치유해 주는
청량한 숲 오래오래 머물고 싶다.
아쉬움을 뒤로하고 두름길 내려간다.
다시 한번 꼭 오고 싶다.
*2023.10. 제주도 가족여행

고목의 새순

어지럼증

어느 날 갑자기
모든 공간이 빙빙 도는
어지럼증 처음 본 낯선 세상

쓰러질 것 같고
붕 뜨고 흔들린다.
홀로 외롭고 슬프고 괴로웠다.

무서워 의지할 곳
이리저리 찾아다닐 때
별거 아닌 듯 제자리에 있는 세상
몇 년간 길 헤매고 또 헤매었다.

조용히 찾아온 나의 일상
멀쩡한 자네가 언제 그랬냐는 듯
묻는다. 기억하고 싶지 않은 것들

소중한 발걸음 고마운 발걸음
내 육신의 소중함을 가르쳐준 시간

오늘도 이렇게 보냈다

먹구름 잔뜩 낀 하늘 우울한 기분이다.
믿음 없는 나의 하루 노는 것도 힘들다.

편한 옷 대충 걸치고 그 자리
그 시간에 공원길 혼자 걸어 처연하다.

모르는 분 다가와 꾸벅 절하고
굳게 닫힌 문 두드리며 전도한다.

시장 들러 땅콩 한 줌 사서
손에 들고 이리저리 둘러본다.

비릿하고 시큰한 냄새 고향의 향수
간질거린다. 그 시절 그 맛이 그립다.

소박한 사람들 모여 시끌벅적하고
비가 오다가 그치다 반복한다.

혼자 티비 보고 책도 읽고 글을 쓴다.
출출해진 배 달랜 견과류 맛 오롯하다.

밤은 길어도 해가 뜨듯이
믿음의 온기 내일은 오겠지

고목의 새순

화도(畵圖)

그의 작품을 보노라니
문외한 눈에 들어온
작품 속에 시가 있다.

널따란 바다,
마음이 너그러워지고
달빛에 반짝이는 윤슬이다.

잔잔한 바다 위
기암괴석의 신비스러운
자태는 경탄을 자아낸다.

모진 비바람 맞고
꿋꿋하게 뿌리 내린 청솔
고향의 뒷산이 떠오른다.

작가의 예술혼이 살아 움직이고
사실을 잊을 만큼 서정성을
듬뿍 담고 있다. 영원히 빛날 걸작이다.

  *고경보 화가 작품 감상

소중한 우정

항상 맑은 날은 아니었다.
항상 흐린 날만은 아니었다.
흐린 날도 맑은 날도 있었고
때론 흐린 날이 마음속에 스며들었다.

우정도 그러하다.
서로 우애 있게 지낸다 해도
그걸 믿음과 이해로
포용하지 않는다면
그건 우정이 아니다.

가깝고 멀어지기 쉽고
생각하지 않으면 마음이 상할 수 있고
금방 생기지 않는
오랜 숙성의 시간이
필요한 게 우정이다.

소중한 우정아!
이대로 내 곁에 있어 줘
너무 애쓰지 말고 편안하게
낙엽 진다고 아쉬워 말고

고목의 새순

빙그레 웃어라! 마음까지 웃어라!
바람 부는 날 구름 위에 우정을 띄운다.

할아버지

지팡이 짚고 걸어가는
할아버지 가끔 만나면
화롯불처럼 은은하고 따뜻하다.

오늘은 왜 나오지 않을까!
혹시나 무슨 일 궁금하던 차
멀리서 희미하게 다가오신다.

두 손 번쩍 들어
사랑 인사드리고
손 내밀면 꼭 잡고 계신다,

지나간 자리에
미소가 머물러
몸도 마음도 훈훈하다.

고목의 새순

정자나무 공원

공원길 양쪽
소실점을 향해 줄지어 선 정자나무
정감이 가고 푸르른 녹음이 우거져
시원한 청량감을 안겨 준다.

뜨거운 햇살에 초록의 무성한 팔 들어
쉬어갈 수 있도록 짙은 그늘 드리워 준다.

두 팔 활짝 벌린
가지는 푸른빛이 담긴 캔버스에
실금 추상화를 해마다 늘려간다.

가을 오면
황금으로 물든 단풍 낙엽 되어
처량하게 떨어진다. 한해의 거둠이
고마움이길 은혜로 이어지길
곱게 물든 단풍잎에 마음 담아 빌어본다.

겨울 오면
낙엽 져버린 앙상한 가지만 드러내
마음이 우울하다. 설화가 피어나면
동심의 세계로 빠져든다.

누구나 다정하게 맞이하고
늘 밝은 마음으로 살아가라고
나지막한 목소리로 내게 들려준다.

매일 걷는 정자나무 공원
숲길 거닐 때마다 서로 따뜻한 눈길
나누고 삶의 지혜를 배우고 계절을 느낀다.

고목의 새순

푸른 소나무

모진 비바람 아랑곳하지 않고
묵묵히 서 있는 푸른 소나무야
멍든 가슴 조용히 녹이고 싶어
날 반겨 줄이 없는 이곳에
물 건너 바다 건너 내가 왔다.

새들이 찾아오면 어깨 위에 쉬게 하고
솔 향기 솔솔 피어나는 푸른 소나무야
날 반겨 줄이 없는 이곳에
어두운 길 따라 내가 왔다.

늘 그 자리
꿋꿋이 지키며 푸르름을 간직하고
초심을 잃지 않는 푸른 소나무야
날 반겨 줄이 없는 이곳에
험한 산길 따라 내가 왔다.

이리 휘고 저리 굽은
만고풍상 겪은 푸른 소나무야
살아남고 싶어 고개 숙이고 순종하고
견디다 보니 저녁노을에 흠뻑 물들었다.

꽃도 아름다워 좋지만
푸른빛 너의 마음이 너무 좋아
푸른 마음 하나 곱게 간직하고 싶다.

꽃내음 흙 내음 갯 내음이 가득한
고향의 파도 소리
가슴에 깊게 묻고
늘 푸른 너처럼 살아가고 싶다.

고목의 새순

푸른 솔길

고향 섬마을 동천 마실길
솔 내음이 물씬 풍기는 군락지
운해가 피어오른 푸른 봉우리

비가 오나 눈이 오나
사시사철 푸른 솔길
몸과 마음의 안식처
그 소중함을 잊고 지네

언제부터인가
솔숲 군락지 사라져 삭막하고
잡목만 남아 싸늘한 바람만 부네

듬성듬성 흐릿하게
서 있는 청솔
살아서 반갑다고 어깨춤 주네

우울하고 어두운 맘
날려버리고 그 사랑 잊지 말라 하네

바닷가 솔 향기 숲길
새들의 쉼터 따스한 햇살 아래

맘이 머문 곳 그대는 기억하는지

고목의 새순

고향길 따라
-노화도 탐방기-

　내 고향 섬마을 완도 노화도에 가는 날이다. 아내와 막내 셋이 아침 일찍 길을 나섰다. 해남 땅끝에서 철부선에 차량을 싣고 약 40분 만에 산양진항에 내려서 차로 10분 정도 달려다 보니 드디어 고향마을에 도착했다. 내가 태어나 초등학교, 고등공민학교까지 다니고 고등학교는 목포에서 다녔다. 고향을 떠 난지 61년 전 일이다. 어릴 적 살던 집은 온데간데없고 빈터에는 잡초가 자라 시들고 있다. 하지만 날마다 집을 나섰던 비탈길은 여전하고 돌담 마당 텃밭에서 뛰놀던 그 시절 기억이 아련히 떠오른다.

　친구들은 모두 도시로 나가고 어른들은 대부분 돌아가 이젠 얼굴이 기억난 분들은 보이지 않는다. 비탈진 언덕 아래 아늑하게 형성된 고향마을은 곳곳마다 돌담을 축조하고 마당을 만들어 집을 지었다. 골목길은 자갈길에 가파르고 좁아 다니기가 무척 불편했다. 밥을 짓기 위해 뒷산에서 솔가리를 갈퀴로 긁어모아 왔었다. 불쏘시개로 소중한 겨울나기 땔감이었다. 수건을 머리에 두른 어머니 아궁이에 군불을 때기도 했다. 토방 앞에 절구통이 있었고 알곡 껍질을 벗기기 위해 어머니는 아침부터 절구질을 자주 했다. 부엌 한쪽 오목한 구석에다 암 닭이 알을 낳으면 따뜻한 알을 꺼내 위아래 구멍을 낸 후 입에 대고 빨아 넘겼다.

여름에는 온 가족이 모깃불 피워놓고 평상에서 팥죽을 먹곤 했다. 평상에 누워 하늘을 쳐다보면 북두칠성 은하수 별똥별이 하늘을 아름답게 수놓았다. 가을에는 탈곡을 위해 마당에 벼를 지게에 져다 놓으면 아버지는 탈곡기를 발로 밟아 돌렸고 볏짚은 위로 던졌다. 어린 나는 뒤에서 기다리다 받아 묶어 볏단을 쌓기도 했다.

추수가 끝나면 낡은 지붕을 걷어내고 새 이엉 얹기를 구경했다. 헌 볏짚을 걷을 적에는 굼벵이가 참 많았고 징그러웠다. 새 이엉으로 단장한 노란 볏짚 지붕은 단아했고 겨울이면 하얀 눈이 밤새 몰래 내려온 뜰을 덮었다. 나뭇가지에 눈꽃이 피어났고 장독대 위에 내린 눈을 손으로 뭉쳐 먹기도 했다. 마당에 수북이 쌓인 눈에 발자국을 내면서 친구들과 눈싸움과 눈 치우는 일이 몹시 신났었다. 어릴 적 고향은 화롯불처럼 마음을 훈훈하게 한다.

오랜만에 마을 저수지 구랍 바닷가 정든 골목을 돌아보고 떠나려니 발길이 쉽게 떨어지지 않는다. 유년 시절에 다니던 초등학교 앞을 지나다가 차량에서 잠시 내렸다, 폐교된 운동장 안에 가득 피어 있는 코스모스꽃들이 날 반갑게 맞이해 준다. 어려웠던 그 시절이 눈에 어른거린다. 기념사진 한 장 남기고 논길 따라 읍소재지에 가는 들판은 벼 수확이 끝나 한 사람도 보이지 않는다. 그저 허허벌판이다.

점심시간이 다 되어 보길도로 향한다. 보길도는 전국에서 가장 유명한 천혜의 아름다운 풍광과 역사를 간직한 섬이다. 노화~보길 간 연도교를 지나 부황 선착장에 도착하니 횟집이 즐비하다. 어느 맛집에 들어간 곳은 익숙한 가게이

고목의 새순

다. 싱싱한 해산물을 푸짐하게 차려 나온 밥상에는 주인의 정성이 가득 들어 있다. 점심을 맛있게 먹고 나서 사시사철 휴양지로 사랑받은 예송리 해수욕장에 도착하니 깊고 푸른 바다가 눈앞에 펼쳐져 한 폭의 그림 같다. 주변의 빼곡한 상록수림 검은 갯돌해변을 오랜만에 가족과 함께 걸으니 잔잔히 밀려온 파도 소리, 몸도 마음도 건강해진 것 같다. 더 머물고 싶은 마음을 접고 산양진항에서 철부선에 차량을 싣고 땅끝마을에 도착했다.

어머니 품속 그리던 마음의 고향길, 산 넘고 바다 건너 언덕 위에 살았던 동네 찾아왔건만 아는 분들은 찾아보기 힘들 정도이고 기억 속의 풍경들은 너무나 많이 변했다. 온갖 고생만 하다 돌아가신 부모님, 자기 살길 찾아 이곳저곳 흩어진 친척 식구들, 추억을 만들던 친구들, 지나온 애환들이 주마등처럼 스쳐 지나간다. 해는 어느새 서산으로 뉘엿뉘엿 넘어가고 땅에 깔린 어둠이 점점 짙어가고 있다.

2023.10. 어느 가을날

소중한 친구

 오늘따라 날이 춥고 바람이 부니 연락이 뜸한 친구가 그립다. 먼저 안부 묻고 잘 지내고 있는지 살펴야 하는데 그러지 못했다. 난 무심히 기다린 것 같다. 오랜 기간 소식 없는 친구 불현듯 그들 얼굴이 떠오른다. 그런데 막상 연락하려니 망설여진다. 혹시 실례가 되지 않을까? 손안에 들어있는 수많은 연락처에서 맘 편히 쉬 부를 만한 번호 하나 없다니 마음이 우울하고 공허하다.

헐벗은 나목이 들판에 서 있다.
바람 앞에 무수히 흔들려도
몸은 꺾이지 않고
중심을 잡고 꿋꿋하게 살아간다.

난 지금까지 어떻게 지내 왔지! 서로 존중하고 상부상조하며 지내야 하는데 그간 등한시한 친구를 통해 나의 헛헛함을 채우려 하다니 욕심이 너무 과한 것 같다. 맘에 딱 맞는 친구 기다리는 이기적인 욕심이 들러붙어 어딘가 아직도 남아있다. 누군가에게 가치 있는 사람, 도움이 되는 사람, 소중한 사람이 되고 싶다. 핸드폰에서 아내의 목소리가 들린다. 시장에 다녀오세요! 저녁에 매생이 굴 먹읍시다. 나의 가장 소중한 친구는 아내인 것 같다.

고목의 새순

<시평>

그리움의 시학

이 호(문학평론가)1)

"나는 빛바래고 메마르고 쓸모없는 나무
7부 능선에 거북등 같은 樹皮를 두르고 서 있는 고목
어제 쓴 시를 다시 읽어보면 '이게 시가 맞나!'
라는 필력의 한계를 느낀다.
내가 걸어가는 시문학의 길은 어렵고 힘들지만,
그 속에서 영혼이 맑아지는 詩心을 닮고 싶다.
세상에는 못생긴 꽃도 있고 예쁜 꽃도 있다.
나만의 색깔을 가지고 꽃을 피우고 열매를 맺겠다."

　　필자가 편의상 윤문한 「시인의 말」의 일부이지만, 실로 오랜만에 담백하면서도 진솔한 시인의 변을 만난다. 자신의 시와 시 쓰기에 대한 성찰적 인식이 반영되어 있는 '말-글'이기도 하다. 위 말에 힘입어 필자도 사족을 달아볼 기운을 낸다. 고민관의 이 시집을 펼쳐보면 가장 많이 표현되어 있으며, 그래서 금방 눈에 띄기도 하는 단어이자 심상, 소재이기도 하며 주제이기도 한 라이트 모티프를 발견하게 되는데 그것은 바로 그리움이라는 어휘, 정서다.

---

1) **이 호**: 문학평론가 . 영화평론가
2002년 문화일보 신춘문예 문학평론으로 등단,
미국 EAST-WEST CENTER 연구원 역임
계간 『연인』 편집위원. 영화평론가협회 회원
저서 『뮈토스의 판타지』, 『책, 양식으로 존재하다』 등이 있음.

푸르던 잎새는
벌써 누렇게 변해 하나둘씩
떨어지고 흘러간 시간 속에
잠자듯 소식 없는 네가 그리워진다.
…(중략)…
봄처럼 건 듯 지나버린
푸른 시절 어찌 꿈에서
만나게 되는가! 너에 대한 그리움이
깊어만 가고 아픈 맘 치유하기 위해
시를 쓴다. 그리운 친구야

ー「그리운 친구」 부분.

그렇다, 그리움이 이 시집의 핵심어다. 주지하다시피 '그리움'이
란 매우 보편적이고 일반적으로 경험하고 이야기되는 모티프이기
는 하다. 하지만 이토록 강하게 이처럼 자주 반복적으로 노래된다
는 점에서, 그리고 이 시집을 토대하고 있는 감정이라는 점에서 이
시집을 독해할 수 있는 많은 방법 가운데 한가지 등산로로 '그리
움'이라는 정서를 택해 보도록 하자.

'아! 그립다!' '오, 그리워' '보고 싶다……'라는 탄성과 감정 상
태에서 탐구 쪽으로는 한 걸음도 더 나아가지(Worstward Ho) 않
는 우리의 사고 방식을 뒤로 하고 질문을 몇 개만 던져보자. 그리
움이라는 감정의 정체는 도대체 무엇인가? 그것은 왜 생겨나는 것
인가? 그리움과 관련된 요소들은 무엇인가 등등. 먼저 그리움이라
는 감정은 부재의 인식과 관련된다. 지금-여기(hic et nunc)에 무
언가가 없다는 것을 다시금 재인식하는 것이다. 그럴 때만이 그리
움이 발생할 수 있다. 그리고 그리움은 감정이자 정서의 일종이다.
다시 말하자면, 무언가 있던 것이 없어졌다는 것을 깨닫고, 그것을
'그리움'이라는 감정 상태로 겪게 되는 경험의 한 종류인 것이다.

고목의 새순

부재를 인식하는 순간 사람들은 다양한 형태의 정동(affection)을 발현할 수 있다. 어떤 이는 분노나 미움으로, 어떤 이는 절망이나 저주로, 어떤 이는 소망이나 기도의 어조로, 어떤 상황에서는 비웃음이나 비판적 성토로 부재 인식의 다음 연쇄 감정을 발산시킬 수 있다는 말이다. 이것을 그리움의 형태로 경험하는 것은 모든 많은 사람들이 경험하는 당연한 프로세스가 아니다. 주로 문학인들을 비롯한 예술적 감성을 가진 사람들이 그렇게 한다. 물론 그리움이라는 파토스의 깊이조차도 각 개인마다 매우 다를 수 있음도 잊지 말아야 하고 그리움을 자주 불러일으키는 대상이 무엇인지도 관심을 기울여 생각해 보아야만 한다.

두 번째는 무언가 있던 것이 사라졌다(없어졌다, 지금-여기에 없다)는 것을 '깨달아야만' 한다는 것이다. 매우 단순해 보이는 이 정동에도 생각보다는 복잡하고 고차원적인 요소들이 개입해 있음을 알게 된다. 있었던 것에 대한 기억-인지, 그리고 그것의 있지 않음을 지각하고 둘의 차이를 공백이자 무로 인식해 내며, 그것에 반응하는 한 가지의 감정 형태 그것이 그리움이다. 몇몇 고지능의 포유류는 애착 대상의 부재까지는 인식하는 것 같은데, 그것을 그리움이라는 감정 형태로 승화시켜 내면서 언어화하는 것은 아마도 인간만이 가진 매우 고차적인 감정 표현 방식일 것임에는 틀림없다. 없어진 것, 있던 것과 현재의 차이를 인식하는 사고 활동이자 감정 활동이 그리움이라는 얘기다. 없어진 것을 발견하고 인식해 내는 활동은 너무 쉽거나 자동적인 인간의 사고 프로세스라고 말할 수도 있겠지만 꼭 그렇지만은 않다. 없어진 모든 사물들에 대해서 그리움을 느낀다든지, 있다가 없어졌다고(Fort-Da) 심리적인 통증을 느낀다면 그것은 아마도 일상생활이 불가능한 정신적 문제를 유발할 것이 분명하지 않은가. 즉, 그리움은 고도로 전략화된 인간의 대(對)세계적인 대응 방식 가운데 하나라는 사실을 언급하고 넘어가자.

세 번째로 그리움(의 토로, 노래)는 부재를 지금 여기에 현존시키려는 형이상학적 스트러글의 일종이라는 사실이다. 여기에는 문학적 언어인 시 뿐만이 아니라 음악, 미술, 기념비적 건축, 각종 의례들도 포함될 것이다. 물론 우리의 관심은 고민관 시인의 언어들 주변을 멀리 떠나서 그리움을 탐색하지는 않을 것이다. 언어로 부재를 재현전화 시켜보려는 몸짓의 언어, 그것이 고민관 시의 한 특징이라고 언표(에농세)해도 될 것이다. 그것이 더욱 압축되고 은유(감춰진 비유) 상징화(symbolization)되고, 승화(submiliation)되어야 하는 것이 고집스러운 과제처럼 주어져 있다고 해도 말이다. 사라진 것을 지금 여기에 되불러와 현전화시킨다(「나의 고백」)는 의미에서 고민관의 시적 언어들은 시라는 장르 탄생의 원장면과 유전자적 친연성을 고스란히 보존하고 있다. 종교적 제의 말이다. 종교적 제의의 언어 가운데 있었으면 좋겠다는 쪽으로 가게 되면 기도와 소망의 언어(종교적 언어) 쪽으로 가게 되고, 그것을 인간 이성과 다자간 합의 쪽으로 발현시키면 정치-사회적 언어 쪽으로 가게 마련이다. 그 사이에서 있었던 것이 그립다라고 말하게 되면 예술의 언어 쪽으로 나아가게 된다. 우리는 지금 이 자리에서는 예술의 언어 쪽으로 접어 들어야 한다.[2]

---

2) 들뢰즈는 『잃어버린 시간을 찾아서』라는 프루스트의 소설을 분석하면서 네 가지의 기호들(signs)을 구분한다. 이는 시간 속에서 기억의 문제나 그리움이라는 감정 사태에 관해서 중요한 방향성을 제시하고 있기에 현학적이라는 비난을 무릅쓰고 요약적으로 소개하자면 다음과 같다. 흘러간 시간 속 과거의 기억을 둘러싸고 나타나는 첫 번째는 사교계의 기호이다. 사교계의 기호는 사교계 그룹의 법칙을 구성한다. 또한 "사교계의 기호는 어떤 행위나 생각을 대체한 것으로 나타난다." 사교계에서 방출되는 기호들은 기호 방출자의 의도를 담고 있다. 이 기호들은 사교계의 법칙을 구성하고 주도하는 인사들의 사고와 생각을 반영할 뿐, 어떤 '외부'를 지시하지 않는다. 그렇기에 들뢰즈가 구분한 네 가지의 기호 중 가장 '질 낮은' 기호이기도 하다. 사교계의 기호가 지시하는 건 사교계의 법칙일 뿐이기 때문이다. 그래서 사교계의 기호는 "상투적이고 공허"하다. 사교계의 기호들은 사유를 촉발하지는 않지만 기호가 어떤 것인지를 우리에게 가르쳐주고, 배움을 시작할 수 있는 단초를 제공해준다.

　두 번째 기호는 사랑의 기호이다. "사랑에 빠진다는 것은 어떤 사람을 그 사람이 지니고 있거나 방출하는 기호들을 통해서 개별화시키는 것이다. 즉 사랑에 빠진다는 것은 이 기호들에 민감해지는 것이며 기호들로부터 배움을 얻는 것이다." 기호

고목의 새순

끝으로 그리움은 '시간 문제'와 밀접하게 연관된 감정 양식이다. 생각해 보자. 물건을 분실했을 때 사람들의 반응 양식을 생각해 보라. 애타게 찾으려고 노력한다. 아까워 한다. 분실한 물건들의 경제적 가치를 생각해 하며 손실을 아파하지만 그리워하지는 않는다. 가까운 사람을 상실했을 경우에도 일정한 시간이 흘러야 그리움이라는 감정을 경험하지, 즉각적으로는 상실감으로 인한 고

방출자의 의도를 표현하고, 사교계의 법칙을 생산해 내는 사교계의 기호와는 달리 사랑의 기호는 하나의 '가능 세계'를 표현한다. 들뢰즈의 가능 세계 이론에 따르면 우리의 경험은 타인(타자)을 전제로 한다. 우리의 오감도 우리가 직접 경험하는 것이 아니며 타인들의 오감을 '상상'하는 데서부터 시작되는 것이다. 타인이 볼 수 있는 것, 타인이 들을 수 있는 소리…… 등 직접 경험하지 않는 '잠재적인' 세계로부터 우리의 경험 조건이 도출되는 것이다. 즉 전제되어 있는 타인들이 없다면 우리는 경험을 할 수 없고, 또 지금의 경험과는 전혀 다른 경험을 하게 될 것이다.
세 번째 세계는 인상 혹은 감각적 기호의 세계이다. …… 그것은 더 이상 사교계의 기호들처럼 우리에게 작위적인 흥분을 주는 텅 빈 기호도 아니다. 그것은 사랑의 기호처럼 우리에게 고통을 주면서 그 진짜 의미는 항상 더 큰 고뇌를 안겨주는 거짓말의 기호도 아니다. 감각적 성질 혹은 인상은 특별한 기쁨을 직접적으로 전달해 주는 정직한 기호, 충만하고 긍정적인 기호이다. 세 번째 기호의 대표적인 예는, 이 소설의 대표적인 장면 중 하나인 마들렌 과자를 먹고 주인공이 어린 시절 살던 콩브레를 떠올리는 장면이다. 여기서 "영원성 속에서 한 번도 체험하지 못했던 절대적으로 솟아오르는 본질"을 체험한다. 앞의 두 기호와 특별히 다른 점이 있다면, 사교계의 기호가 공허함을, 사랑의 기호가 고통과 고뇌를 안겨주는 것과는 달리, 이 기호는 해석자에게 기쁨을 안겨준다는 것이다. 이러한 기쁨은 아마도 시간 속에서 영원성 속의 본질과 연결되는 기쁨, 기호를 통해 본질을 체험하는 기쁨일 것이다.
앞의 세 기호들을 거쳐 도달하게 되는, 혹은 그 기호들이 종합되는 기호의 궁극적인 세계는 바로 예술의 기호이다. "예술의 세계들에서 기호들은 '물질성을 벗은' 기호들이다. 이 기호들은 관념적 본질 속에서 자신의 의미를 찾는다. 예술의 세계에서 기호들의 의미를 깨달은 그때부터, 예술을 통해 드러난 세계는 먼저 거쳐 온 다른 모든 세계들에 거꾸로 영향을 미친다." 궁극적 세계에 도달한 기호는 더 이상 사교계의 공허한 법칙, 사랑의 고통, 기호로 우리 앞에 나타난 물질로 환원되지 않는다. 예술의 기호는 이제 비물질적인 본질로 연결된다. 다만 여기서 들뢰즈가 말하는 예술은 비물질적인 본질, 즉 영원성 속에서 체험되는 어떤 본질을 지시하는 개념으로 받아들여야 할 것이다.(이상 질 들뢰즈,『프루스트와 기호들』1부 요약.) 이에 따르면 우리가 갈 수 있고 또 가야만 하는 길은 4단계인 예술적 기호의 단계일 것이다.

통이 지배적이지, 그리움이 곧바로 엄습하지는 않는다. 사실 정확하게 말하자면 그리움이라는 것은 대상의 문제가 아니라 시간의 상실에 대한 인간의 감정 경험의 일종이다. 그 시간대-시절에 대한 그려봄이 그리움이라는 사태의 본질이라는 것이다. 계절적 순환을 순차적으로 배열하며 노래하는 3부 역시 그러한 인식의 소산이다. 「홍시」 같은 작품들이 대표적이다.

    좋아하시던 홍시 하나
    챙겨드리지 못한 무심한 자식
    해마다 이맘때 홍시만 보면
    감빛 회상에 젖어 눈시울이 자꾸 붉어진다.
    ―「홍시」 부분

    몇 가지 사고실험을 해보자. 우리들의 어머님이 쓰시던 물건이 우리에게 하나 남아 있다. 그걸 보면 우리는 그 물건을 통해 어머니가 그립고, 어머님이 그것을 사용하시던 그 모습이 그립고(보고 싶고), 그 시간들이 그리운 것이지 그 물건들이 그리운 것이 아니다. 즉 물건은 매개체이지 그 자체가 대상은 아니다. 다른 상황으로 근대생활사 박물관에 가서 잊고 있었던 물건들을 보았다고 가정해 보자. 그러면 그 물건들을 통해서 그런 생활을 하던 그 시간들이 그리운 것이지, 그 물건 자체가 그리운 것은 아니다. 박물관에서 그 물건을 구입해서 집에다 가져다 놓는다. 그런 경우에도 그 유물이 좋아서 가져온 것이 아니다. 정확히는 그 물건이 상기시키는 그 시간들, 그로 인해 발생하는 그 감정들을 목적하는 것이지, 그 물건 자체가 목표는 아닌 것이다.(그 물건이 오랜 시간 후에 발생시킬 경제적 가치를 계산하는 것은 전혀 다른 계산이므로 여기서는 논외로 하자.) 박물관의 유물들도 그 물건들로 한 시대를 복구시키고, 물건들을 통해 옛 사람들의 삶과 생활방식을 기억하고 보관하려는 것이지, 물건 그 자체를 보관하려는 것은 분명 아닐 것

고목의 새순

이다.

　따라서 그리움의 정서는 시간성 문제와 연결되고, 인간 존재가 초시간적인 존재가 아니라 시간 속에 유한하고 무력한 존재이기 때문에 겪게 되는 감정이라는 점을 우리는 재인식하게 된다. 그런데 여기서 잠깐. 그리움이라는 감정이 일상생활에 별로 생산적이지도 않고, 손익 계산상 경제적이지 않기 때문에 깡통을 발로 차버리듯 처리하는 부류의 사람들을 제외하고 생각해 본다면 그리움은 우리들의 시간 경험, 시간 관념 때문에 발생하는 것이며, 더불어 우리 시대와 사회에서 통용되는 시간 학습 때문에 발생하는 것임을 명심할 필요가 있다.[3] 일례로, 종교적 신심이 매우 투철한 사람

---

3)
　우리는 너무나도 "현재"의 견지에서 생각하는 습관을 갖고 있다. 우리는, 현재는 다른 현재가 그것을 대체할 때에만 지나갔다고 믿는다. 그럼에도 불구하고 반성해

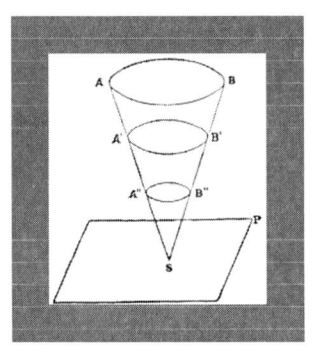

보도록 하자. 만약 옛 현재가 그것이 현재인 동시에 지나가 버리지 않았다면, 어떻게 새로운 현재가 나타나겠는가? 만약 현재가 현재인 동시에 지나가 버리지 않았다면, 어떻게 어떤 현재이건 지나가겠는가? 만약 과거가 무엇보다도 그것이 현재였던 것과 동시에 구성되지 않았었다면, 결코 과거는 구성되지 않았을 것이다. 여기에 시간의 근본적인 지위(자리)와 기억의 가장 심오한 역설이 있다. 과거는 그것이었던 현재와 "동시간적"이다. 만약 과거가 더 이상 존재하지 않을 때까지 기다려야 한다면, 만약 과거가 지나간 것이 즉각 그리고 지금이 아니라면, "과거 일반"은 결코 그것인 바가 될 수 없었을 것이고, 그 과거가 아니었을 것이다. 만일 그것이 즉각 구성되지 않았다면, 그것은 저편에 가 있는 현재에 기반해서는 더더욱 재구성될 수 없었을 것이다. 만약 과거가 현재―이 현재의 과거가 되는 저 현재―와 공존하지 않았다면, 그 과거는 구성되지 않았을 것이다. 과거와 현재는 이어지는 두 계기를 지칭하는 것이 아니라 공존하는 두 요소를 지칭한다. 그 하나는 현재인데 그것은 끊임없이 지나가고, 다른 하나는 과거인데 그것은 끊임없이 존재하며 그것을 통해 모든 현재가 지나간다. 바로 이런 의미에서 순수 과거가, 일종의 "과거 일반"이 존재한다. 과거는 현재를 뒤따르지 않고 오히려 반대로 그것 없이는 현재가 지나갈 수 없는 순수 조건이라고 상정된다. 바꿔 말해, 각각의

들은 아마도 그리움을 극복할 세계관이나 시간관념을 갖고 있을 것이다. 그/녀는 지금의 부재와 무가 어떤 식으로든 재충전될 것이라고 믿는다. 어떤 경우는 그런 인식(차이 인식) 자체를 소멸시켜야 고통의 사슬을 끊을 수 있다고도 말한다. 제의적이지만 종교성을 피하고자 했을 때 이런 문제에 대한 가장 오래되고 권위 있는 언어는 철학자 플라톤과 아우구스티누스일 것이다.

플라톤은 자신의 저서 『심포지엄』에서 그리움을 에로스(Eros)라고 규정했다. 『심포지엄』에 따르면, 에로스는 미의 여신 아프로디테의 생일 축하연을 계기로 풍요의 신 포로스(Poros)와 결핍의 신 페니아(Penia)가 만나 그 사이에서 태어났다. 때문에 에로스는 어머니의 결핍을 닮아 진, 선, 미 모든 것에서 가난하고 결핍된 자이다. 하지만 그는 아버지를 닮아, 이 모든 것에 대한 풍요를 언제나 그리워하면서 그것을 이루려는 중간자이다. 그래서 언제나 참으로 있었던 것에 대한 영원한 동경과 열병적 연모를 그 본성으로 한다. 따라서 우리는

현재는 과거로서의 자기 자신으로 복귀한다. 이와 유사한 테제로 이에 필적한만한 것은 플라톤의 '상기'라는 테제밖에는 없다. 상기 역시도 시간의 펼쳐짐의 기초 역할을 할 수 있는 과거라는 순수 존재, 과거의(라는) 즉자 존재, 존재론적 '기억'을 긍정하고 있다. 한 번 더 말하자면, 베르그송에게서는 플라톤적 영감이 깊이 느껴진다. 현재와 과거의 동시간성이라는 관념은 하나의 마지막 귀결을 갖는다. 과거는 그것이었던 현재와 공존한다. 뿐만 아니라 (현재가 지나가는 반면) 과거는 그 자체로 자기 자신 안에 보존된다—각각의 현재와 공존하는 것은 전체적이고 통합적인 (완전한) 과거, 우리의 과거 전체이다.

저 유명한 원뿔의 비유는 공존이라는 이런 완전한 상태를 표상해 준다. 하지만 그런 상태는 결국, 과거 자체 안에, 깊이에 따른 모든 종류의 수준들이—이 공존 안에서 모든 가능한 간격들을 표시해주면서—나타난다는 것을 함축한다. 과거 **AB** 는 현재 S와 공존하지만, A' B', A'' B'' 등의 모든 절단면들을 자기 안에 포함하면서 공존하는 것이며, 이 절단면들은 S와 관계해서 순수하게 이상적인 근접이나 간격의 정도들을 측정하는 것이다. 이 절단면들 각각은 그 자체로 잠재적이며, 과거라는 즉자 존재에 속한다. 이 절단면들 각각 또는 이 수준들 각각은 과거의 이런저런 요소들을 담고 있는 것이 아니라 항상 과거의 총체를 담고 있다. 베르그송적인 지속은 마침내 이어짐에 의해서라기보다는 공존에 의해서 정의된다. (질 들뢰즈 『베르그송주의』, 문학과 지성사, 3장 일부 인용) 이에 따르면 과거는 현재와 잠재적으로 공존하는 것이지 사라져 없어져 버린 것은 아니다.

고목의 새순

고민관의 시를 과거와 현재의 결핍을 오가는 시적 화자의 그리워하는 정신 활동으로도 이해해 볼 수 있다. 다음의 시를 살펴보자.

사랑의 냄새 물씬 풍기는 고구마
손으로 껍질 벗겨 입으로
넣으면 단맛이 스스륵 스며든다.

군것질 없던
그 시절 살며시 떠오른다.
달고도 실팍한 생고구마
깎아 먹고 점심은 의례 대신했다.

고구마 찔 때 김이 모락모락
콧속으로 스멀스멀
들어온 구수한 냄새가 그립다.

겨울의 맛이 가득 담긴
시원하고 새콤한 파래김치
함께 먹던 찐 고구마
입맛 사로잡는 별미였다.

추운 날 화롯불에
구워 낸 고구마 몹시 뜨거워
이손 저손 옮기며 호호 불어
껍질을 벗겨 주시던 어머님

따뜻한 어머님의 사랑 담긴
고구마 맛 잊을 수 없다.
고향의 추억이 새록새록 묻어난다.
ㅡ「고구마」전문.

과거에 있었지만 현재는 사라진 그 부재를 기억으로 재현전 시킬 때의 감각적 묘사를 통해 생생하게 재현하는 정신 활동이 잘 드러난 장면이다.

　한편 아우구스티누스는 우리의 마음(영혼) 안에 현전하게 하는 능력을 영혼의 '상기의 힘(vis memoriae)'이라 불렀다. 이 힘을 통해 인간은 과거, 현재, 미래로 파악되며 정신을 분산(distendo animae)시키고 그 결과 삶도 분산시켜 단지 흘러가는 것, 무의미한 것으로 만들어 버리는 시간의 파괴성을 극복할 수 있다고 말한다. 이러한 '정신의 집중' 작용을 통해서 시간은 분산하는 것이 아닌 집결된 것, 곧 하나의 통일체가 되며, 흘러서 없어져 버리는 것이나 다가올지 모르는 것이 아니라 '과거의 현전'과 '미래의 현전'으로서 현전하는 것이 된다. 이 때문에 이러한 '상기의 힘'은 단순히 지나간 것에 대한 기억이 아니다. 그것은 기억의 장소(spatium memoriae)가 아니라, 인간의 영혼 안에 보존되어 있는 것을 불러일으켜 생생하게 의식시키는 힘이다. '상기의 힘으로서의 기억'은 지나간 것을 결합시키고, 다가올 것을 고려하고 기대하게 함으로써 과거와 미래가 모두 현전하게 하는 힘이다.

> 산자락 밭 한쪽에 초가집
> 방 하나에서 일곱 식구가 모여
> 오순도순 살던 그때가 생각난다.
> ─「그때가 생각난다」 부분

　이러한 인간 보편의 정서인 그리움에 예전 서구인들은 노스탤지어라는 이름을 붙이기도 했다. 노스탤지어(nostalgia)란 단어는 '되돌아감'(nostos)와 '아픔'(algos)의 합성어다. 즉 노스탤지어란 "되돌아가는 일을 하지 못하는 데서 생기는 아픔"이다. "만나지 못해도 향수를 가슴에 담고 있으면 사랑은 눈물이 되어 떠나지 못한다."(「가슴에 담아둔 사랑」) 노스탤지어는 다시 되돌아갈 수 없는 데서 연유하

　　　　　고목의 새순

는 슬픔의 정서이며 극복 불가능한 상실에서 생기는 고통의 감정에
다름 아니다. "늘 푸르던 젊은 날 우리가 함께한 그 시절 정겨운 시간
을 가졌는지 너무나 아쉬운 세월이었소 우리가 처음 만나던 날 가슴
에 피어오르던 그 꽃 당신께 꽃등 하나 달아드리고 싶소."(「늘 고마운
당신」) 그것은 향수를 유발시키는 이유-대상이 그것을 경험하는 주체
가 소유하거나 경험할 수 없기 때문에 발생하는 것이므로 향수의 대
상은 '부재'의 형식으로 존재할 수밖에 없다. "나이 든 이제야 철든
마음 그냥 여기 두고 갈게 그리운 어머님!"(「그리운 어머니」) 말하자
면 노스탤지어와 부재는 상호연관적이다. 이러한 감정의 대표적인 경
우는 떠나온 고향(장소)에 대한 그리움(「마음의 두레박 물」, 「추억의
뒤안길」, 「고향 바다」, 「골목길이 그립다」, 「내 고향」, 「섬마을 고향
집」 등), 돌아갈 수 없는 과거(시간)에 대한 회상(「그때가 생각난다」,
「그때 그 시절」, 「단짝 친구」, 「가난 연작」, 「기억의 편린(片鱗)들」)
등인데 이것들은 모두 돌이킬 수 없는 시간 차이 속에서 느끼는 심상
을 토로한다는 점에서 공통된다.

　　고민관 시인에게 이제 과거는 한갓 지나가 버린 시간을 찾아가는
것이 아니라, 그 '잃어버린 시간들'이 현재의 삶에 가진 생생한 의미
를 일깨워 주게 된다. 이러한 정서적 고백의 대표적 시편들은 「소싯적
친구」, 「그때가 생각난다」, 「그때 그 시절」, 「단짝 친구」, 「마음의 두
레박 물」, 「정겨운 만남」 등 1부의 시편들과 「슬픈 기억들」, 「용서를
빕니다」, 「나이가 드니」, 「추억의 뒤안길」, 「코뚜레 모임」, 「홍시」, 「
잔설」, 「고구마」 등이다. 이런 시들이 고민관 시의 서정적 핵심의 한
축을 이루고 있고, 그의 시에 서정성을 촉촉하게 부여하고 있다. 그
가운데 한 편을 읽어보면 다음과 같다.

　　　잘살아 보려 다짐하며
　　　한양 천리 떠나간 친구
　　　길고도 험난했던 그 시절

흙먼지 풀풀 날리는 시골 텃밭
언덕에 넘어져 다리에 남은 상흔
초등학교 입학식 날
다들 엄마 손잡고 가는데
둘이 서로 의지하며 입학했지,

우리의 우정 영원한 기억
연필 끝에 무릎이 찔러 푸르스름한 점
고스란히 남아 잊을 수 없는 우리의 봄날

기쁠 때나 슬플 때나 내 마음의 별이었지
어느 날 홀연히 내 곁을 떠나가
무거운 짐 생각나 그리움을 지울 수 없네,

길가 편백 나무 군락지에 둥지 틀고
정답게 지내던 새들 찬 바람 불자
온몸에 한기를 휘감고 저 멀리 날아가네.

시골 인심 가득한
말바우 시장 길 터벅터벅 걷는 소리
친구야 얼굴 한번 보자! 그대 음성 들려 오네.
－「단짝 친구」 전문

이처럼 시간 속에서 떠내려갈 수밖에 없는 유한한 존재의 필연적 감정이 바로 그리움이다. 게다가 그리움은 대상의 충족으로 소거될 수 있는 정서가 아니다. 그리움이란 다시 되돌아갈 수 없거나 그 대상을 영원 안에서 소유할 수 없다는 인식에서 연유하는 슬픔의 정서이며 극복 불가능한 상실에서 생기는 고통의 감정에 다름 아니다. 그것은 그리움을 유발시키는 이유-대상이 그것을 경험하는 주체가 소유

고목의 새순

하거나 다시 반복해서 경험할 수 없기 때문에 발생하는 것이므로 그리움의 대상은 '부재'의 형식으로 존재할 수밖에 없다. 말하자면 그리움과 부재는 상호연관적이다. 이런 측면에서 고민관의 그리움 시편들은 인간 존재의 본원적 그리움에 대한 성찰을 던져주고 있으며 무엇보다 그리움의 정서적 경험을 우리에게 전달해 준다.

한편, 그리움의 정서는 좋은 정념은 아니다. 그것은 슬픔의 정념이다. 그리움, 즉 과거에 대한 회상은 지금 여기 되불려 오는 것처럼 보이지만 그것은 의식의 현전이므로 과거 그 자체는 아니다. 그리움은 언제나 실패로 귀결되는 운동일 뿐인데 그것은 대상에 가닿지 못하고 지금 여기서 그것을 그리워하는 주체의 정념만을 생산할 뿐이다. 그러므로 그리움은 현재에서 과거 속으로 사라진 시간이나 대상을 되불러 보는 현재 의식의 운동이다. 그런 한에서 그리움은 지금 이곳에 있지 않은 것, 부재를 확인하고 그것을 의식 속에서 재현전시키려는 정동이다. 그리움을 아무리 따스한 추억으로 환기한다고 하더라도 그것은 지금 이곳에서 에너지로 충만한 생성을 낳지 못하고 과거를 부재로 인식하는 슬픈 정념이다. 이것이 사람들이 과거를 그리워하면서 옛 시절의 가요를 부르거나 더러는 과거의 공간을 되찾아가 보아도 그 시간에 절대 도달할 수 없는 이유이며, 지나 버린 과거가 현재나 도래할 미래와는 절연된 잠깐의 감상적인 파토스만을 불러일으키고 다시 일상 저편으로 사라지게 되는 이유이기도 하다.

그럼에도 고민관의 작품들 속에는 슬픔의 정념에 사로잡히지 않고 그것을 긍정하고 다른 이들에 대한 사랑과 관심으로 자기몰입적 그리움의 심정에 매몰되지 않도록 해주는 작품들이 한켠에 오롯이 자리잡고 있다. 그것을 보여주는 시편들로는 「그대가 있어 난 행복하다」, 「늘 고마운 당신」, 「널 만나면」, 「사랑의 꽃」, 「아름다운 꽃 민들레」, 「감사한 마음」, 「소싯적 친구」, 「단짝 친구」, 「따스한 온정」, 「정겨운 만남」, 「사랑하는 손주에게」, 「마음의 상처」, 「공감과 배려」, 「누군가에게 관심을」 등을 꼽을 수 있다.

"선의를 이용한 그들과 멀어지고 싶지 않다. 답답하고 속상해서 술 한잔 마신다"(「마음의 상처」)라거나 "친구야 얼굴 한번 보자! 그대 음성 들려 오네"(「단짝 친구」)라고 말하고 있지 않은가. 뿐만 아니라 "소싯적 친구여! 강물처럼 조용히 흘러가는 너의 모습 너무나 보고 싶다. 아프지 말고 아프지 말자"(「소싯적 친구」)라고도 말한다. 이것은 무엇을 의미하는가? 앞서 언급했던 그리움은 결국 나 이외의 것들, 부재와 결핍을 메워줄 수 있을 것으로 생각되는 또 다른 존재자들(타인들)에 대한 그리움(사랑)이라고 말할 수 있을 것이다.

그런 연유로 그리움이라는 질병, 그것은 주체의 숙명, 존재의 질병이지만 다른 말로 인간을 타자에 대한 지향의 영역으로 이끌어 주는 고귀하고 숭고한 동력이 되는 것이다. 되돌아 갈 수 없는 곳에 도달하려는 주체의 운동이 그리움이라는 정서를 낳고 그것을 토로하고 추구하는 언어가 시라는 토로의 형식으로 구체화 되는 것, 그것이 바로 고민관의 시이다. 그리고 그것을 우리는 그리움, 존재의 본향을 그리는 운동이자 고민관의 시학적 핵심, 무한을 더듬는 그리움의 시학이라고 명명할 수 있을 것이다. 그것을 고민관 시의 어법으로 표현하자면 다음과 같을 것이다. "그대 생각나 찾아가는 길 촉촉이 내리는 봄비는 아픈 비가 되어 그리움을 더한다."(「그대의 모습」)

그 외에도 고민관 시집의 언어 가운데 '가난'(있어야 할 것의 없음의 문제)과 '고독'(함께 있을 수 없음)의 문제를 다루지 못했음을 기록해 두는 것으로 끝을 맺기로 하자. 이 그리움의 시들은 가난과 고독의 문제와 어울려 삼중주를 이룰 수 있을 것이다.

고목의 새순